Snooker

Rolf Kalb
Thomas Hein

Snooker

Der intelligente Weg
zum besseren Spiel

COPRESS SPORT

Umschlaggestaltung:
Pierre Sick, Stiebner Verlag GmbH

Satz, Layout: BUCHFLINK Rüdiger Wagner für bookwise GmbH, München

Zeichnungen (nach Vorlagen der Autoren):
Anneli Nau, München

Abbildungen Umschlag und
alle Abbildungen Innenteil:
imago images (www.imago-images.de) außer Eric Whitehead Photography (www.ericjwhitehead.co.uk):
Seite 2/3, 14, 17, 26, 47, 49, 51, 57, 76/77, 121, 140/141;
Touch Billardmagazin: S. 8;
Eurosport/Camera4: S. 9;
barfisch: S. 20 (https://commons.wikimedia.org/wiki/File:Snooker_cue_and_extensions.png), »Snooker cue and extensions«, https://creativecommons.org/licenses/by-sa/3.0/legalcode;
Eurosport: S. 21

Bibliografische Information der Deutschen Bibliothek
Die Deutsche Bibliothek verzeichnet diese Publikation in der Deutschen Nationalbibliografie; detaillierte bibliografische Daten sind im Internet über www.dnb.de abrufbar.

Die Autoren

Rolf Kalb (geb. 1959) gilt als die deutsche Stimme des Snooker. Der Sportjournalist kommentiert Snooker seit 1989 für den pan-europäischen Sender Eurosport und fasziniert dabei durch seine Kompetenz und seinen Stil. Während BILD ihm bereits »Kultstatus« attestierte, beschrieb ihn die FAZ als »faszinierenden Reporterpionier«. Das NDR-Medienmagazin ZAPP bezeichnete ihn in einem ihm gewidmeten Beitrag gar als »Medienphänomen«.

Thomas Hein (geb. 1966) ist einer der ausgewiesensten deutschen Snookerexperten. Als mehrfacher Deutscher Meister kennt er das Geschehen auf dem Tisch genau. Als Sportdirektor Snooker der Deutschen Billard-Union ist Thomas Hein maßgeblich an der Snooker-Entwicklung in Deutschland beteiligt. Sein Wissen gibt er auch als Bundestrainer und Mit-Betreiber der Snooker-Akademie »15reds« in Oberhausen weiter.

2., erweiterte Neuauflage 2019
© 2006, 2019 Copress Verlag in der Stiebner Verlag GmbH, Grünwald
Alle Rechte vorbehalten.
Wiedergabe, auch auszugsweise, nur mit ausdrücklicher Genehmigung des Verlags.
Gesamtherstellung: Stiebner, Grünwald
Printed in the EU
ISBN 978-3-7679-1256-4
www.copress.de

Inhalt

Zu diesem Buch 8

Kapitel 1 – Die Ausrüstung 10

Der Tisch 12
Die Bälle 16
Das Queue 16
Hilfsqueues 21
Kreide 22

Kapitel 2 – Technik 24

Die Ballphysik – Das Prinzip 26
Anvisieren »Das Führungsauge« 26
Das Zielen 28
Die Bockhand 29
    Der Bock auf der Bande 33
    Der Übergriff 35
Der Griff 35
Der Stand 36
    Anlauf 36
    Der Oberkörper 39
    Arm, Hand, Kopf und Kinn 42
Der Stoß 43
Grundlagen für einen soliden Stoß 45
    Phase 1 (Einschwingen) 45
    Phase 2 (Aufziehen) 45
    Konzentration 46
    Phase 3 (Das Ausliefern des Cues) 48
    Stoppball, Nachläufer und Zugball 50
Effet 52
Positionsspiel 54
Spiel mit Hilfsqueues und Verlängerungen 58

Kapitel 3 – Spiel und Taktik ... 60

Der Anfangsstoß ... 62
Endspiel auf die Farben ... 63
Snooker ... 65
Bedeutung von Winkeln ... 67
Safetyspiel ... 70
Shot to nothing ... 72
Breakbuilding ... 73

Kapitel 4 – Training & Übungen ... 76

Übung 1: Speed und Geradheit ... 79
Übung 2: Geradheit ... 79
Übung 3: Pinkspot ... 80
Übung 4: Blau lang ... 80
Übung 5: Schwarz Endlos ... 81
Übung 6: Rund um Pink ... 81
Übung 7: Rund um Blau ... 82
Übung 8: Abprallwinkel ... 82
Übung 9: Rot / Blau ... 83
Übung 10: 15reds ... 83

Kapitel 5 – Fragen und Antworten ... 84

Wer beginnt den Frame? ... 87
Was passiert bei Punktegleichheit am Ende eines Frames? ... 88
Was tun bei blockierten Aufsetzmarken? ... 89
Was passiert, wenn mehrere Bälle auf einmal gelocht werden? ... 90
Was heißt »Ball in Hand«? ... 91
Was ist ein Foul? ... 91
Wie geht es nach einem Foul weiter? ... 91
Was ist ein »Miss«? ... 91
Wie zählen Foulpunkte? ... 92

Was ist ein Snooker?	92
Wie errechnet sich die Restpunktzahl?	93
Was bedeutet, jemand braucht Snooker?	94
Was ist ein Break?	94
Was bedeutet Maximum Break?	95
Was gilt als Durchstoß?	97
Was passiert, wenn der Spielball press an einer anderen Kugel liegt (touching ball)?	97
Dürfen mehrere Bälle auf einmal gelocht werden?	99
Was ist ein Freeball?	100
Sind Kombinationen erlaubt?	100
Sind Sprungbälle (jump shots) im Snooker erlaubt?	101
Was macht man, wenn ein korrekter Stoß unmöglich ist?	101
Was passiert, wenn Bälle den Tisch verlassen?	102
Was bedeuten »Kick« oder »bad contact«?	103
Was ist ein Re-Rack?	103
Was ist ein Fluke	104
Frauen und Snooker	105
Wie kann man sich für die Maintour qualifizieren?	105
Wie setzt sich die Weltrangliste zusammen?	106

Kapitel 6 – Das offizielle Regelwerk **108**

Anhang **140**

Auswertung der Übungen	142
Wichtige Snooker-Adressen	143
Snooker in Deutschland	143
Snooker in Europa	143
Snooker in der Welt	143

Zu diesem Buch

Snooker ist ein faszinierender Sport: Taktische Finesse, technisches Können, mentale Härte und oft genug auch ein Schuss Genialität gehen gerade bei Spitzenspielern eine einzigartige Verbindung ein. Vielfältige Spannungsbögen, die sich oft genug zu einem einzigartigen Drama verdichten, kennzeichnen oft genug ein Snookermatch. Kein Wunder, dass Snooker im Mutterland Großbritannien zu den erfolgreichsten Fernsehsportarten überhaupt gehört und auch im deutschsprachigen Raum inzwischen aus der Sportberichterstattung nicht mehr wegzudenken ist. Die umfangreichen TV-Übertragungen deutschsprachiger Sender sind eine Erfolgsstory, die selbst Fachleute überrascht hat.

Aber nicht nur das: Immer mehr Leute greifen auch selbst zum Queue und wollen sich an dem riesigen Snookertisch ausprobieren; die Vereine erleben derzeit einen Mitgliederboom.

Egal, ob Sie zuschauen oder selber spielen wollen: Dieses Buch will Ihnen dabei helfen, will Sie einführen in die faszinierende Welt des Snooker und will Ihr Verständnis dafür vertiefen. Material, Technik und Taktik werden ausführlich erklärt, so dass Sie ein Spiel auch selber »mitlesen« können – erst dann ist der Spaß perfekt. Gleichzeitig werden aber auch umfassend eine Vielzahl von Fragen beantwortet und so auch das Regelwerk verständlich erläutert.

Sie können dieses Buch auf unterschiedliche Weise nutzen: Sie können es von vorne bis hinten durchlesen oder durcharbeiten (und das sollten Sie auch durchaus machen), um Ihr Verständnis von Snooker zu vertiefen (oder sich gar erst zu erarbeiten). Sie können das Buch aber auch als Nachschlagewerk nutzen, um schnell mal offene Fragen zu klären – und zwar sowohl hinsichtlich der Technik und Taktik als auch im Hinblick auf die Regeln. Und darüber hinaus gibt dieses Buch Ihnen auch noch Tipps und Übungen an die Hand, um Ihre Karriere als Snookerspieler (oder -spielerin) erfolgreich zu gestalten.

Natürlich ist es nicht möglich, alle möglichen Spielsituationen und alle taktischen Varianten hier durchzuspielen. Wir haben Wert darauf gelegt, hoffentlich Ihr Verständnis zu erweitern. Dadurch werden Sie auch in die Lage versetzt, sich selbstständig weiterzuentwickeln. Wollen Sie selbst aktiv werden, so

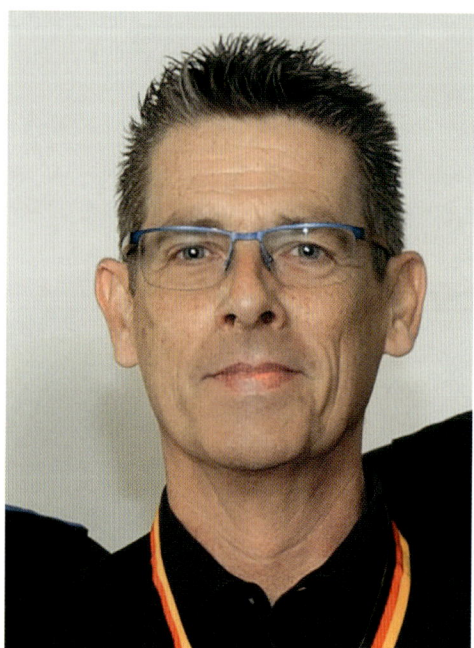

Bringt seine ganze Spielerfahrung ein: Bundestrainer und Snooker-Lehrer Thomas Hein

sind Trainingserfahrung und Matchpraxis unverzichtbar für Ihre Entwicklung.

Genau das zeichnet ja auch Spitzenspieler aus. Schließlich steht niemand mit Physikbuch und Formelsammlung am Tisch. Vielmehr haben gute Snookerspieler eine Reihe von Spielmustern im Kopf. Sie schauen sich dann die Situation auf dem Tisch an und überlegen, welchem Muster das entspricht – dafür haben sie dann auch die Musterlösung parat. Natürlich muss man dann noch schauen, inwieweit diese Musterlösung der konkreten Situation angepasst werden muss. Aber natürlich gilt auch: Je mehr Muster auf der »Festplatte« im Kopf abgespeichert sind, desto eher wird man auch die perfekte Lösung finden. Auf diesem Weg will Sie dieses Buch eben auch ein Stück begleiten. Dabei wünschen wir Ihnen viel Spaß.

Die Autoren, im Herbst 2019

»Mr. Snooker«: Eurosport-Kommentator Rolf Kalb

Gut gerüstet für weit entfernte Kugeln:
Judd Trump mit dem Hilfsqueue

Die Ausrüstung

Bevor es los geht mit dem Spielen, macht es bei einem Präzisionssport wie Snooker Sinn, erst einmal einen Blick auf die Ausrüstung zu werfen. Schließlich sind die Ansprüche an die Genauigkeit beim Snooker sehr hoch. Wenn Unzulänglichkeiten beim Material den Erfolg verhindern, dann kann auch keine Freude aufkommen.

● Der Tisch

Riesig und wuchtig steht er da, der Snookertisch – ein Ehrfurcht gebietendes Monstrum. Gespielt wird auf einem 12-Fuß-Tisch; er ist also zwölf Fuß lang und sechs Fuß breit (also etwa 3,66 mal 1,83 Meter). Hinzu kommt das immense Gewicht: Etwa eineinhalb Tonnen stehen da vor einem. Das liegt vor allem daran, dass sich unter dem stets grünen Tuch

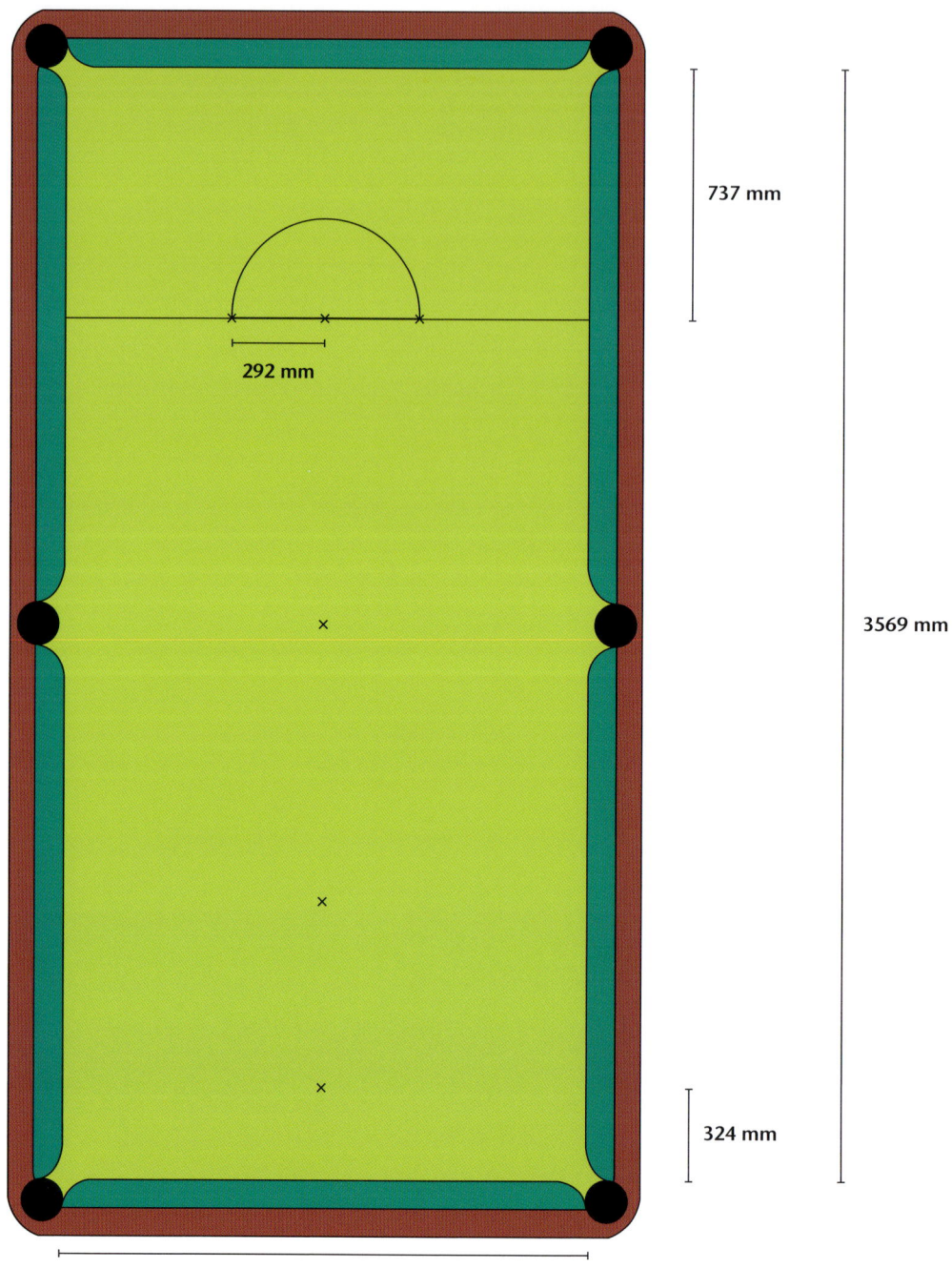

Abbildung 1.01: Tisch mit Bemaßung

Abbildung 1.02: Komplett aufgebauter Tisch

eine etwa fünf bis sechs Zentimeter dicke **Schieferplatte** verbirgt. Um einen Tisch überhaupt ohne Kran aufbauen und transportieren zu können ist diese Platte in fünf Stücke aufgeteilt. Natürlich müssen am Ende die Übergänge zwischen den einzelnen Platten

Knochenarbeit: Table-Fitter beim Aufbau eines Tisches im Crucible Theatre

Perfekte Rundungen, präzise Masseverteilung: moderne Snooker-Bälle aus Phenolharzen

verfugt und eben ausgestaltet werden. Verdeckt wird die Schieferplatte durch das **Tuch**.

> Obwohl es grün ist, handelt es sich beim Tuch nicht um Filz, wie häufig angenommen wird, sondern um ein hochfeines Wolltuch – je feiner das Gewebe, desto schneller ist das Tuch nachher.

Begrenzt wird das **Spielfeld** von den **Banden**. Übrigens: Die Spielfläche soll laut Reglement 3569 mal 1778 Millimeter betragen (mit einer Toleranz von +/- 13 Millimetern). Die Banden, die auch mit dem Tuch bezogen sind und aus Gummi bestehen, haben einen ganz entscheidenden Einfluss auf die Qualität des Tisches. Erst wenn die Banden einen gleichmäßigen und dynamischen Abschlag gewährleisten ist wirklich Top-Snooker auf dem Tisch möglich. Bei ganz hochwertigen Turniertischen sind die Banden auch noch mit einem Stahlband hinterlegt, das für einen noch dynamischeren Abschlag sorgt (so genannte Steelblock-Table).

Bevor es losgehen kann müssen auf dem Tisch noch einige Linien und Punkte eingezeichnet sein. 737 Millimeter von der Fußbande entfernt wird die so genannte **Baulkline** gezogen (siehe Abbildung 1.01). Um ehrlich zu sein: Diese Baulkline als bis zu den langen Banden durchgezogene Linie hat beim Snooker gar keine Bedeutung. Sie ist ein Überbleibsel aus dem English Billiards, das auf dem gleichen Tisch gespielt wird und bis in die sechziger Jahre des 20. Jahrhunderts hinein die in Großbritannien vorherrschende Disziplin war. Wichtig für Snooker ist eigentlich nur der Teil der Baulkline, der den Halbkreis begrenzt. Vom Mittelpunkt der Baulkline nämlich wird ein Halbkreis mit einem Radius von 292 Millimetern zur Fußbande gezogen. Dies ist das so genannte **D**, aus dem heraus zu Beginn oder bei »Ball in Hand« die Weiße gespielt wird. Dort, wo der Halbkreis auf die

Baulklinie trifft, sind zudem die **Aufsetzmarken** für den gelben und den grünen Ball. Die braune Kugel kommt genau auf den Mittelpunkt der Baulklinie (der wird natürlich auch eingezeichnet).

Natürlich brauchen wir noch Aufsetzmarken für die drei restlichen Farben: Die für blau ist genau in der Mitte des Tisches. Die für den schwarzen Ball ist genau auf der Mittellinie des Tisches, 324 Millimeter von der Kopfbande entfernt. Und pink kommt dann auf die Mitte zwischen der Kopfbande und blau (siehe Abbildung 1.02).

Lange Zeit war es nicht üblich, dass Snooker-Tische beheizt waren. Das hat sich aber gründlich geändert. Bei Profi-Turnieren sind beheizte Tische mittlerweile der Standard. Die Profis trainieren daher natürlich auch ausschließlich auf beheizten Tischen. Im Amateur-Bereich sind beheizbare Tische vielleicht noch nicht flächendeckend im Einsatz, setzen sich aber auch immer weiter durch.

Die Vorteile der Heizung liegen auf der Hand: Die Wärmezufuhr sorgt dafür, dass sich weniger Feuchtigkeit im Tuch niederschlagen kann. Dadurch nehmen die Bälle weniger Schmutz auf und die Häufigkeit von Kicks – unsaubere Ballkontakte – reduziert sich. Überdies läuft ein beheizter Tisch schneller, was zu einem besseren Spiel führt.

Im Gegensatz zu den Tischen beim Karambolage-Billard, wo Heizspiralen fest in der Schieferplatte verbaut sind, werden bei Snooker-Tischen spezielle Matten eingehängt, in denen Heizdrähte verlaufen. Angebracht werden diese Matten unmittelbar unter den Schieferplatten. Die optimale Temperatur für die Heizung hängt von den Umgebungstemperaturen ab.

Ein häufig verwendeter Standardwert liegt bei 45 °C. Man braucht aber nicht zu befürchten, sich an der Spielfläche die Hände zu verbrennen. Die 45 °C werden an der Unterseite der Schieferplatte erreicht, oben auf Spielfläche liegt die Temperatur dann bei moderaten 25 bis 30 °C.

Wo immer Sie in einem Billardcenter oder in einem Verein an den Tisch gehen, werden

Präzision bis ins Detail: Vor dem Match wird das Tuch gebügelt.

die Linien und Punkte natürlich schon eingezeichnet sein.

> *Macht der Tisch einen ungepflegten, abgenutzten oder gar stark verschmutzten Eindruck, dann überlegen Sie sich genau, ob Sie da wirklich spielen wollen. Es könnte nämlich gut sein, dass Sie nicht an fehlenden eigenen Fähigkeiten scheitern sondern an Unzulänglichkeiten des Materials. Und das braucht man sich nicht anzutun. Gleiches gilt im Übrigen für die Bälle.*

● Die Bälle

Ein Satz Snookerkugeln besteht aus 22 Bällen: weiß als Spielball, gelb, grün, braun, blau, pink und schwarz als Farben und 15 roten Bällen. Ganz früher waren die Kugeln aus natürlichen Materialien: Vereinzelt gab es Elfenbein-Bälle, aber meist welche aus Knochen. Kugeln aus natürlichem Material haben aber einen ganz entscheidenden Nachteil: Sie sind niemals absolut homogen. Die Masse ist also nicht absolut gleichmäßig verteilt und deshalb liegt der Schwerpunkt nicht exakt in der Mitte der Kugeln. Bei langsamem Lauf führt das dazu, dass der Ball zur Seite mit dem Schwerpunkt wegkippt – bei einem Präzisionssport wie Snooker eine fatale Eigenart.

> *Die heutigen Bälle aber sind aus Phenolharzen. Dort ist eine absolut gleichmäßige Masseverteilung garantiert und damit auch, dass der Schwerpunkt genau in der Ballmitte liegt. Und stabil sind diese Kugeln auch. Man braucht also keine Angst zu haben, bei kräftigem Spiel könne der Kugel etwas passieren. Die halten mehr aus, als man denkt.*

Die Snookerbälle haben einen **Durchmesser von 52,5 Millimetern** mit einer Toleranz von 0,05 Millimetern. Sie sind damit deutlich kleiner als Bälle beim Pool oder Karambolage. Und leichter sind sie auch: **142 Gramm** soll eine Snookerkugel auf die Waage bringen, wobei die maximale Toleranz in einem ganzen Satz drei Gramm betragen darf.

Bei den Profis werden heute sogenannte 1g-Ballsätze benutzt. Dabei garantiert der Hersteller eine Gewichtsdifferenz vom leichtesten zum schwersten Ball eines Satzes von unter einem Gramm.

Über all diese Maße und Gewichte braucht sich der normale Spieler allerdings keine Gedanken machen. Schließlich werden die Bälle im Club oder im Center gestellt. Über eines sollte man sich aber sehr wohl Gedanken machen: über die Sauberkeit. Ansonsten vermiesen einem sehr schnell »Kicks« das Vergnügen. Ein Tuch aus fusselfreier Baumwolle oder aus Microfaser leistet da blendende Dienste.

> *Es schadet nicht, vor dem Spielen beim Aufsetzen alle Kugeln kurz zu reinigen. Spezielle Pflegemittel, die der Fachhandel bietet, braucht man eigentlich nur, wenn man wie ein Profi auch mit eigenen Bällen an den Tisch kommt.*

● Das Queue

Dem Queue kommt beim Snooker wie bei anderen Varianten des Billardsportes natürlich eine ganz besondere Bedeutung zu. Schließlich ist es die Verlängerung des eigenen Armes und damit ein ganz persönliches Sportgerät. Deshalb gibt es das einzige und ideale Queue auch nicht. Jeder muss für sich selbst

Gekonnter Umgang mit dem Spielgerät: Publikumsliebling Jimmy White in Aktion (rechte Seite)

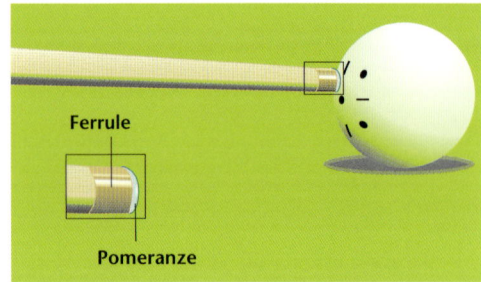

Abbildung 1.03: Die Queue-Spitze im Detail

herausfinden, was für ihn (oder sie) das beste Queue ist. Im Idealfall findet man ein Queue, das zum Freund fürs Leben wird und das man nicht mehr wechselt.

Deshalb braucht man als Anfänger auch nicht sofort loszulaufen, um sich vorneweg ein eigenes Queue zu kaufen. Viel besser ist es, zunächst einmal mit einem Hausqueue vom Club oder vom Center zu spielen, damit man merkt, was für einen selbst bei einem Queue wichtig ist. Später kauft man sich dann vielleicht ein einfaches Queue und sammelt damit weitere Erfahrungen. So vorbereitet hat man viel größere Chancen, das persönlich ideale Queue zu finden. Ideal ist es natürlich, wenn man ein Queue vor dem Kauf ausprobieren kann.

Relativ wenig schreibt das Reglement in Sachen Queue vor: Es muss in Form und Aussehen üblich sein. Allerdings ist eine **Mindestlänge von 914 Millimetern** vorgeschrieben. Als Faustregel gilt, dass ein Queue **147 Zentimeter** lang sein soll – eine Zahl, die man sich beim Snooker leicht merken kann. Steht man neben seinem Queue, soll das etwa bis in den Bereich zwischen Achsel und Schulter reichen. Auch hier gilt: Die optimale Länge muss man individuell ermitteln.

Billardqueues sind aus Holz gefertigt. Für das Oberteil wird in der Regel Esche oder Ahorn verarbeitet. Bei Snookerqueues verwendet man meist Esche, da dieses Holz etwas härter ist als Ahorn. Esche stellt zwar höhere Anforderungen an die Stoßqualität, bietet aber aufgrund seiner Stabilität und sei-

Alles im Blick: Ex-Weltmeister Peter Ebdon in Aktion im Berliner Tempodrom

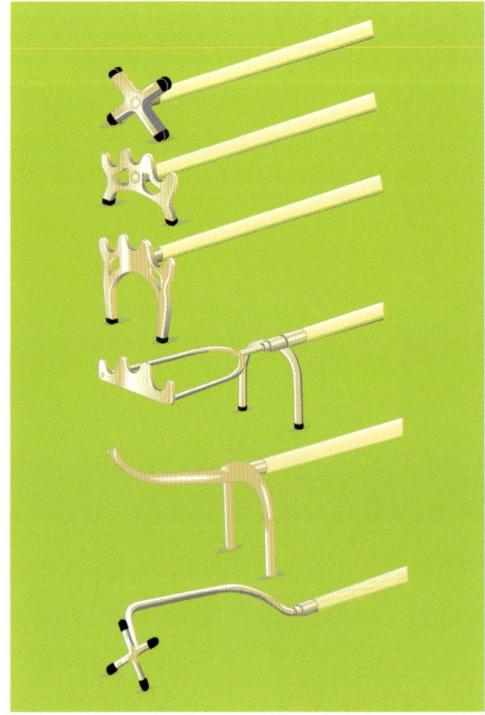

Abbildung 1.04: Kreuz, Spinne (3 Versionen), Schwanenhals und Hookrest (von oben nach unten)

> **Erfolgreich mit dem »Streichholz-Queue«**
> Die Länge des Queues ist erst Mitte des 20. Jahrhunderts nachträglich in die Regeln aufgenommen worden. Da wollte nämlich ein Spieler in einer komplizierten Situation ganz besonders clever sein. Der Spielball lag mitten im roten Pulk und er wollte die Situation nahezu unverändert lassen, damit sich der Gegner damit herumschlagen und das Bild öffnen musste. Allerdings ist das ganz kleine Spiel auf Millimeter-Bruchteile gar nicht so einfach mit einem normalen Queue. Also griff unser Freund in die Hosentasche und holte ein gut streichholzgroßes Queue aus Edelholz hervor, mit dem er die Filigranarbeit problemlos erledigen konnte. Der Schiedsrichter allerdings war noch cleverer: Er wertete das als Verstoß gegen den Sinn des Spieles und entschied auf Foul. Und kurz darauf wurde dann die Mindestlänge ins Reglement aufgenommen.

nes Schwingungsverhaltens Vorteile. Man darf auch nicht vergessen, dass ein Snookerqueue (logisch angesichts der kleineren Bälle) mit einem **Spitzendurchmesser von neun bis zehn Millimetern** deutlich filigraner ist als ein Poolqueue zum Beispiel.

> *Auf jeden Fall gilt: Für ein gutes Queue braucht man auch gutes Holz – vor allem muss es lange genug gelagert worden sein, um auszutrocknen und die idealen Spieleigenschaften zu bieten. Das Griffstück wird dagegen oft aus Ebenholz gefertigt. Das macht zum einen optisch was her und damit lässt sich zum anderen ein Queue gut ausbalancieren; eine gute Balance nämlich ist ein weiteres Kriterium für ein gutes Queue. Von weiteren Verzierungen oder gar Einlegearbeiten ist dringend abzuraten; das würde nur die Stabilität des Queues beeinträchtigen. Auch sollte man sich für ein unlackiertes Queue entscheiden; der Lack kann nämlich dazu führen, dass das Queue nicht mehr so gut rutscht.*

Eine wichtige und heiß diskutierte Frage ist die, ob das Queue einteilig oder geteilt sein soll. Einteilige Queues vermitteln die beste Stoßrückmeldung – man spürt also am besten, was im Moment des Abstoßes wirklich passiert. Einige Spieler sind da sensibler, andere weniger. Ein einteiliges Queue hat aber den Nachteil, dass es ein sehr sperriges und damit unhandliches Gerät ist. Wie lagern, wie transportieren? Außerdem sind die Koffer für einteilige Queues relativ teuer (obwohl man sich mit einem Abwasserrohr aus dem Baumarkt und Schaumstoff auch selber einen Köcher basteln kann).

Mehrteilige Queues haben in der Regel einen Schraubverschluss aus Messing. Da gibt es die normale Verschraubung und eine Schnellverschraubung, bei der man einfach weniger Schraubdrehungen braucht – eine Frage der persönlichen Vorliebe. Unter dem Aspekt der Lagerung und des Transportes ist natürlich ein mittig geteiltes Queue optimal. Allerdings wird die Stoßrückmeldung schlechter, je weiter oben die Verschraubung sitzt.

Deshalb gelten bei drei Vierteln der Länge geteilte Queues als guter Kompromiss. Dabei nimmt das Oberteil des Queues drei Viertel der Länge ein, das Griffstück steuert ein Viertel der Länge bei. Solche Queues lassen sich auch gut ausbalancieren, und außerdem kann man die auch noch quer im Kofferraum transportieren. Bei guten Queues gibt es dabei auch noch ein längeres zweites Griffstück oder eine aufschraubbare Verlängerung – eine wichtige Hilfe, wenn man einen Ball am anderen Ende des Tisches spielen muss. Deshalb sollte man auch darauf achten, dass unten am Griffstück ein Gewinde vorhanden ist. Dann kann man nämlich mit den sicherer

Ein Snookerqueue mit den dazugehörigen Verlängerungen

zu handhabenden aufschraubbaren Verlängerungen arbeiten. Für die ganz extremen Situationen gibt es ja auch noch die Teleskop-Verlängerung, die aufgesteckt wird und auch noch ausgezogen werden kann.

Wie auch immer die Teilung sein mag: Oben wird das Queue durch eine Messinghülse abgeschlossen, die so genannte **Ferrule**. Die ist bei Poolqueues übrigens aus Plastik, aber bei den dünnen Snookerqueues ist Messing die bessere Wahl. Auch hier gibt es allerdings Neuerungen. Peter Ebdon zum Beispiel spielt mit einer sogenannten heißgewickelten Ferrule. Die besteht aus verwobenen und dann durch Hitze verbackenen Fasern und soll noch mehr Stabilität bieten. Beim Poolbillard kennt man das schon von Break- oder Jump-Queues, die hohe Kräfte aushalten müssen. Standard beim Snooker ist aber nach wie vor die Messing-Ferrule. Wie auch immer: Ganz oben wird noch ein Lederplättchen aufgeklebt, die Pomeranze – oder auch »Tip« im Snooker-Englisch (siehe Abbildung 1.03).

Von einem Schraubleder sollte man übrigens die Finger lassen und besser ein Klebeleder verwenden.

Diese Pomeranze ist ganz besonders wichtig, denn erst dieses Leder erlaubt kontrollierte Stöße. Man muss die Pomeranze auch einkreiden, um die Haftung bei Abstoß zu vergrößern, denn nur so lassen sich der Kugel auch Wirkungen mitgeben. Ob das Leder leicht übersteht oder bündig mit dem Queue abschließt ist auch eine Sache der persönlichen Vorliebe. Manche haben das Gefühl, mit einer überstehenden Pomeranze den Ball besser kontrollieren zu können, aber das muss man selber ausprobieren. Wichtig ist auf jeden Fall, dass die Pomeranze gewölbt ist. Um dieses Lederplättchen in Form zu bringen gibt es auch spezielle Werkzeuge im Handel. Das gilt übrigens auch für Geräte zum Aufrauen der Pomeranze, doch das kann man auch mit sehr feinem Schleifpapier machen. Das Aufrauen der Pomeranze ist wichtig, da durch die ständigen Abstöße das Leder immer glatter wird und damit die Haftung geringer würde. Eine Pomeranze übrigens ist ein Verbrauchsartikel. Sie muss von Zeit zu Zeit erneuert werden; wie oft das notwendig ist, hängt vom eigenen Spiel ab (z. B. von der Stoßhärte).

> Damit sind wir auch schon bei der Pflege des Queues. Es ist klar, dass das Queue sorgfältig gelagert und transportiert werden muss, denn es darf sich ja auf keinen Fall verziehen. Es gibt darüber hinaus auch spezielle Pflegemittel, doch es hilft schon viel, das Queue mit einem feuchten Tuch gründlich und kräftig abzuwischen. Dann muss man das Queue aber sofort wieder trocken reiben, denn Feuchtigkeit ist natürlich der Tod eines jeden Queues. Auch beim Spielen sollte man immer ein Tuch dabei haben, um das Queue abzuwischen – vor allem, wenn man leicht schwitzt.

Hilfsqueues

Bei den riesigen Abmessungen des Snookertisches wird man immer wieder eines der **Hilfsqueues** gebrauchen müssen. Deshalb benutzen Snookerspieler auch kaum die despektierliche Bezeichnung »Oma« für das Gerät, die man in anderen Billarddisziplinen des öfteren hört. Es gibt fünf Hilfsqueues, die in der Regel zum Tisch gehören (siehe Abbildung 1.04) und in Halterungen unter dem Tisch angebracht sind.

Am häufigsten wird das normale Hilfsqueue oder **Kreuz** eingesetzt, das auch am leichtesten zu handhaben ist. An der Spitze befindet sich ein X, durch das das Queue geführt werden kann. Je nachdem, wie dieses X gedreht wird, kann man den Spielball höher oder tiefer anspielen.

In bestimmten Situationen oder wenn man über einen störenden Ball hinweg spielen muss hilft die **Spinne**, die vorne mit einem

Kyren Wilson mit unorthodoxem (aber erlaubtem) Gebrauch des Spiders

Kranz versehen ist, sodass man das Queue auf verschiedene Auflagen ablegen kann. Mit der Spinne spielt man allerdings den Ball immer steiler an als normal (was manchmal ja auch notwendig ist). Liegen viele Bälle im Weg, dann hilft die verlängerte Spinne, bei der der Kranz nach vorne versetzt ist.

In ähnlichen Situationen hilft auch der **Schwanenhals**, mit dem man allerdings noch steiler in den Ball reingeht. Beim Schwanenhals muss man auch höllisch aufpassen, dass einem das Queue nicht abrutscht – das passiert selbst Top-Profis manchmal.

Eine Neuentwicklung war vor einigen Jahren die so genannte »Hookrest« (»Rest« bedeutet Hilfsqueue). Einen deutschen Namen dafür gibt es nicht, und durchgesetzt hat sich das Gerät auch nicht; Snooker-Spieler sind halt oft sehr traditionell. Bei der Hookrest befand sich vorne das normale X, aber die dahin führende Stange schlug einen Haken. So konnte man das Hilfsqueue um störende Bälle herumlegen. Ohne Hookrest braucht man da den Schwanenhals oder legt das normale X-Hilfsqueue auf die Spinne. Beides ist aber unsicher, und bei beiden Varianten ist man in seinen technischen Möglichkeiten eingeschränkt, weil man ja mit seinem Queue steiler in den Spielball gehen muss. Trotzdem hat sich die Hookrest nicht durchgesetzt. Die erlaubte zwar, das Hilfsgerät um störende Bälle herumzulegen, aber diese Bälle störten dann eben doch noch bei der Führung des eigenen Queues. Das konnte man dann eben nicht auf der richtigen Linie führen oder man kam nicht vernünftig an den korrekten Anspielpunkt heran.

Immer häufiger sieht man auch einen untypischen Gebrauch der Hilfsqueues. So legen einige Spieler die Spinne manchmal einfach auf die Seite, weil sie dann eine andere Höhe haben. Kyren Wilson überraschte einmal gar damit, dass er die Spinne nicht normal auf den Tisch legte, sondern den Kopf der Spinne auf eine kurze Bande auflegte und den Griff über Eck auf die lange Bande. Den Holzstiel der Spinne nutzte er dann, um da die normale Bockhand dort aufzulegen. Unter dieser Hilfsbrücke nämlich lagen eine Reihe von Bällen, die das normale Auflegen der Bockhand auf dem Tisch verhinderten. Das ganze war zwar ziemlich wackelig, aber Wilson hat den nächsten Ball trotzdem gelocht. Alles richtig gemacht also.

Dieser untypische Gebrauch der Hilfsqueues ist deshalb zulässig, weil zwar im Reglement festgehalten ist, welche Hilfsgerätschaften zugelassen sind. Aber nirgendwo ist festgeschrieben, wie die zu benutzen sind. Kreative Lösungen wie die von Kyren Wilson sind also nicht verboten.

Wer Ehrgeiz beim Snooker entwickelt, der sollte auch unbedingt das Spiel mit den Hilfsqueues trainieren. Die werden oft genug zum Einsatz kommen müssen, und wer damit sicher umgehen kann, der hat unter Umständen einen entscheidenden Vorteil.

● Kreide

»Gut gekreidet ist halb gewonnen«, heißt ein nicht allzu kluger Merksatz. Was dahinter steckt: Erst durch das Kreiden der Pomeranze wird ein kontrollierter Stoß möglich. Das Leder alleine ist zu glatt und würde vom Ball abrutschen; man könnte also der Kugel keine Wirkung mitgeben.

Allerdings ist die Snookerkreide fettärmer als die Kreide, die zum Beispiel beim Poolbillard benutzt wird. Vorteil davon: Die Bälle verschmutzen nicht so schnell (und für die eigenen Finger und die Kleidung gilt das Gleiche). Würde man Poolkreide benutzen, müsste man schon nach jedem Stoß den Spielball reinigen. Außerdem würde man sich bei den anderen Snookerspielern extrem unbeliebt machen, weil ja nicht nur die Bälle, sondern auch Tuch und Tisch verschmiert werden. Also Finger weg davon. Der Nachteil der fettärmeren Kreide: Man muss halt öfter kreiden. Dazu reibt man die Kreide in kreisförmigen Bewegungen auf die Queue-Spitze. Wenn sich mit der Zeit ein kreisförmiges Loch in der Kreide bildet hat man eigentlich alles richtig gemacht.

- *Pool- und Snookerkreide kann man schon an der Farbe unterscheiden: Poolkreide ist tiefblau, während die für Snooker türkis ist (man spricht auch von grüner Kreide). Außerdem kann man leicht vergleichen, ob die Kreide etwas schmierig oder eher staubig ist; erstere ist für Pool, die staubigere für Snooker.*

Vor einigen Jahren hat eine finnische Firma dann eine vollkommen neue Kreide auf den Markt gebracht, die sogenannte Taom-Kreide (Taom ist der Hersteller). Diese Kreide unterscheidet sich schon äußerlich: Gibt es die traditionelle Kreide in Würfelform, so kommt die neue Kreide rund daher. Das ist aber nicht der entscheidende Unterschied. Der liegt nämlich in der besonderen Mischung, die Kicks reduzieren soll. Viele Topspieler schwören mittlerweile auf diese neue Kreide und bestätigen, dass Kicks viel seltener auftreten (siehe Bild unten). Andere Spieler halten davon jedoch nichts und bleiben der traditionellen Kreide treu. Die neue Kreide kann nämlich dazu führen, dass man ab und an einmal mit der Queuespitze vom Spielball abrutscht, also einen Kiekser hat.

Stuart Bingham schwört auf die neue Taom-Kreide.

Mit diesem unorthodoxen Stoß unter dem Bauch erspart sich Mark Williams den Einsatz des Hilfsqueues.

Snooker ist ein Spiel, in dem es einfach gesagt darum geht, den Spielball im richtigen Moment mit der richtigen Geschwindigkeit und dem richtigen Drall (Rotation) in die richtige Richtung zu bewegen. Punkt. Aus. Ende. Wer dies schafft (und sich vorher auch das »richtig« gut und treffend überlegt hat), wird das Spiel meistern. Nur leider Gottes: So einfach ist es nicht! ... Schade!

Ins Visier genommen: Auch Jimmy White drückt beim Zielen mal ein Auge zu.

● Die Ballphysik – das Prinzip

Die Beeinflussung des Spielballs und somit unser Zutun zum Ergebnis erfolgt durch einen Stoß des Queues auf eben diesen Spielball.

Dabei bestimmen **Queuerichtung**, **Dynamik** (also Geschwindigkeit und Beschleunigung, das heißt der Schwung) sowie der **Treffpunkt** auf dem Spielball unser Ergebnis. Ein Stoß in das Zentrum des Spielballs (die Queuespitze würde den Spielball genau in der Mitte aufspießen, würde diese beim Stoß nicht davonlaufen), erzeugt ein dumpfes tiefes Geräusch (Resonanzkörper) und gibt den drallfreiesten und geradesten Balllauf.

Dies ist für uns als erstes erstrebenswert, auch wenn wir später wieder mit **Drall** spielen werden, was aber dann gewollt und kontrolliert erfolgen soll. Snooker lernen kann man auch, in dem man dem Spielball, unserem weißen Freund, einfach mal zuhört! Allgemein wird uns dieser am meisten über unser Spiel und unsere Technik erzählen (und nicht ob die verflixte Rote in die Tasche gefallen ist oder nicht). Deshalb sollten wir dem Spielball einfach mal »zuhören und zuschauen«, denn er weiß immer, was passiert ist (und zeigt es uns auch)! Der Spielball ist, wenn man ihn versteht und ihm zuhört, der beste Trainer. Wir müssen lernen zu denken wie ein Spielball, denn seine Physik zu kennen ist der Weg zum Erfolg.

● Anvisieren »Das Führungsauge«

Anvisieren und Zielen ist beim Snooker sehr wichtig. Denn wenn wir nicht wissen, wohin wir den Spielball bewegen müssen, ist jeder Stoßversuch Glückssache. Zuerst bestimmen wir das **Führungsauge**! Jeder Mensch hat, und sei der Unterschied noch so klein, ein liniendominantes Auge, von dem wir geleitet werden, wenn es darum geht zu zielen.

Nun sollten wir am besten dieses Führungsauge so ausnutzen, dass es zeitlich vor (dies passiert automatisch und natürlich) dem eigentlichen Stoßvorgang, während wir noch aufrecht hinter dem Spielball stehen, die Führung übernimmt. Aufrecht stehend ist uns die 3D-Sicht möglich.

Fehlerquelle Nummer eins ist der Versuch, erst unten in der Stoßhaltung zu zielen. Diese Fähigkeit haben nur wenige Menschen. Selbst die Profis zielen aufrecht stehend. Unten in der Stoßhaltung haben wir nur noch eine 2D-Sicht.

Unser Führungsauge übernimmt im täglichen Leben ständig die Regie, zum Beispiel beim Greifen einer Tasse oder beim Werfen eines Gegenstandes. Wir haben sicherlich schon versucht, jemanden mit einem Schneeball zu treffen oder einen Tennisball zu zuwerfen.

Viele Spieler beachten nicht, dass es wichtig ist, auch in der Stoßhaltung unten am Tisch das Führungsauge über das Queue zu bringen, denn ansonsten findet eine Zielirritation statt. Das Führungsauge, das uns stehend leitet, muss auch in der Stoßhaltung unten auf dem Tisch die Richtung vorgeben und genau über der Queue-Linie sein.

Abbildung 2.02: Führungsauge bestimmen

> *Aber wie lerne ich mein starkes Auge kennen? Keine Angst – wir müssen keinen Optiker oder Augenspezialisten aufsuchen. Unser Führungsauge können wir ganz leicht ermitteln:*
> - *Dazu stellen wir uns stabil hin und zeigen mit dem ausgestreckten Arm (Rechtshänder mit rechts und Linkshänder mit links) mit dem Daumen auf einen festen Punkt (siehe Abbildung 2.01). Dies kann ein Ball auf dem Tisch aber auch jeder andere Punkt sein. Konzentrieren wir uns nicht besonders auf den Vorgang, sondern zeigen Sie einfach ganz natürlich und automatisch mit geöffneten Augen auf das Ziel.*
> - *Nun schließen wir abwechselnd das linke und das rechte Auge ohne den Daumen zu bewegen und beobachten, welches der Augen den Ball hinter dem Daumen fast oder vollständig verdeckt (siehe Abbildung 2.02). Das offene Auge, bei der der Ball am meisten versteckt ist, ist Ihr »Führungsauge«.*

Probieren Sie es ruhig ein paar Mal aus, um sicher zu gehen. Vorneweg gesagt: Auch hier gilt wieder Gefühl und ein wenig ausprobieren. Wenn wir unser Führungsauge kennen, versuchen wir dies auch einzusetzen. Nicht

Abbildung 2.01: Führungsauge bestimmen

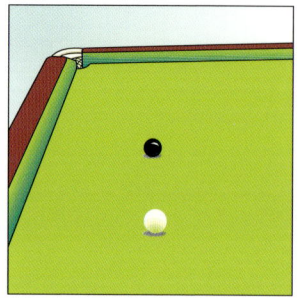  

Abbildung 2.03: Visualisieren Sie die Zielposition

nur aufrecht stehend, sondern auch über dem Queue. Geben Sie dem Führungsauge eine Chance!

● Das Zielen

Vor dem eigentlichen Stoß kommt als erstes das Zielen. Dabei sollten Sie sich eine **gleich bleibende Routine** aneignen (die für den ganzen Stoß gilt).

Was ist das Ziel? Das Ziel ist den Spielball an die Stelle zu bewegen (den Zielball), von wo der angespielte Objektball exakt in die gewünschte Richtung läuft (zumeist eine Tasche). Es gibt schließlich **Zwischenstationen** und eine **Endposition**, die wir für den Spielball anstreben (zum Beispiel den Treffpunkt mit einem Objektball und abschließende Ruheposition). Wir spielen also den Spielball nur geradeaus an einen klar definierten Punkt auf dem Tisch (siehe Abbildung 2.03). Hier ist der Zielball, also das Ziel für unseren Spielball, klar visualisiert.

Dies ist der physikalisch einzig mögliche Punkt an dem der Spielball am Objektball ankommen kann, um diesen auf den richtigen Weg zu schicken. Diesen Punkt (den Zielball) kann jeder Spieler leicht nachvollziehen, indem er im Training einen Ball (vielleicht immer den Gelben) nur mit der Hand von einem Ausgangspunkt nimmt und geradeaus in die gedachte Position des Zielballs an den Objektball legt (Abbildung 2.04 auf der rechten Seite). Nach ein paar Minuten ist dies für jeden Menschen leicht machbar und selbst bei den schwierigsten Bällen möglich. Somit haben wir uns selbst gegenüber den Beweis angetreten, dass das Zielverhalten natürlich und angeboren ist. Wichtig ist natürlich: »Geisterball« und Objektball zeigen genau auf die Tasche.

Die verschiedenen Ausgangspositionen verdeutlichen, dass die Position, an der der Spielball am Objektball ankommen muss, in jedem Fall identisch ist (siehe Abbildung 2.05, hier mit vier verschiedenen Ausgangspositionen).

Abbildung 2.05: Richtig Zielen mit unterschiedlichen Ausgangspunkten

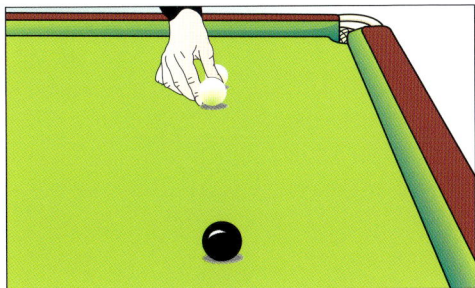

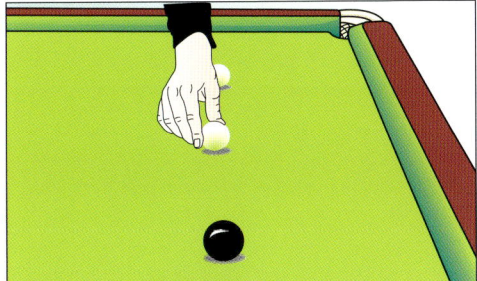

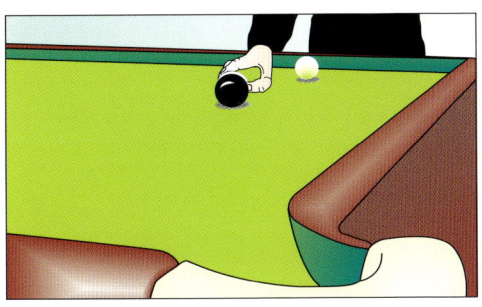

Es ist also nur ein perspektivisches und kein physikalisches Problem. Der Ausgangspunkt kann sich ändern, aber nicht der Punkt des Zielballs.

Jeder Anfänger kann binnen von Minuten für jeden Ball auf dem Tisch den richtigen Zielball festlegen, in dem er beispielsweise den gelben Ball als Visualisierung direkt auf Kontakt an den roten Ball legt. Diesen Punkt dann auch zu treffen ist ein Problem, mit dem wir uns später beschäftigen.

Hier eine Hilfestellung für die Routine beim Zielen:
- *Der Spieler nimmt aufrecht stehend hinter dem Spielball die Zielposition ein. Sein Führungsauge versucht für den Spielball den richtigen Platz (Zielball) am Objektball festzulegen und zu fixieren.*
- *Diesen Platz für den Spielball während des Zugehens auf den Tisch nicht verlieren. Keine Angst davor, den Spielball zu treffen. Einfach das Queue vor sich auf den Tisch legen, als ob man mit einer Hand spielen wollte. Die Queuespitze sollte dabei nicht weiter als 1 cm vor dem Spielball liegen.*
- *Der Spieler geht in die Stoßposition an den Tisch und das Führungsauge bleibt am Geisterball (Zielball) bis der Oberkörper sich abgesenkt hat und der Körper in Stoßhaltung in Balance ist.*
- *Nun wandert der Blick zurück zum Spielball. Dort wird die Mittigkeit oder der Anspielpunkt für die Queuespitze kontrolliert, ohne das Queue in seiner Richtung zu verschieben.*
- *Der Blick wandert zurück zum Zielball und der Stoßmechanismus läuft ab. Dazu später mehr.*

Abbildung 2.04: Zielübung mit dem »Geisterball«

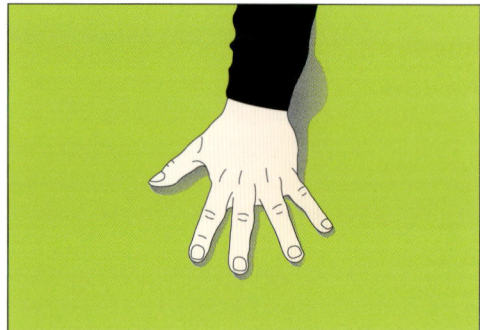

Zielen ist keine gedankliche Kunst, sondern mehr ein »Vokabeltraining«! Wir müssen nach und nach möglichst viele Positionen und Winkel lernen und Zielbälle visualisieren, um so im Spiel darauf zurückgreifen zu können.

- Gut eignet es sich am Anfang, die Farbigen von den Spots aus verschiedenen Positionen des Spielballs heraus zu versenken und spielen diesen dann so oft, bis Sie das Gefühl bekommen,

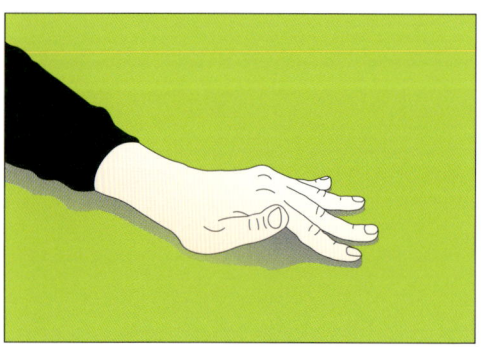

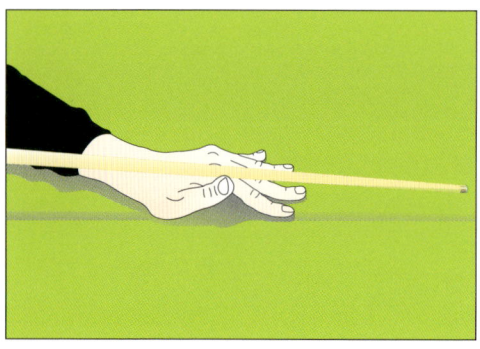

Abbildung 2.06: Die richtige Bockhand

Er braucht nicht groß über seine Technik nachzu-

einen Blick für den Ball entwickelt zu haben. Reines »Vokabeltraining« eben.

Hört sich kompliziert an, ist aber nicht so! Keine Angst, der Mensch zielt seit Anbeginn seines Lebens. Sonst könnte er keine Tasse greifen, kein Auto oder Fahrrad fahren oder nicht auf einen Gegenstand zeigen. Also vertrauen Sie ruhig auf das, was Sie sehen, es wird sich als richtiger erweisen, als Sie vielleicht annehmen!

Die Bockhand

Eine richtige **Bockhand** ist unser vorderer Ankerpunkt im Stoß. Einerseits ist dies wichtig für die **Stabilität** unseres Körpers und Standes, aber auch als sichere **Führung** für das Queue.

- *• Eine optimale Bockhand wird erreicht, wenn die linke Hand (bei Rechtshändern) flach auf den Tisch gelegt wird, wobei die Finger weit gespreizt sind.*

denken: Ronnie O'Sullivan gilt als das größte natürliche Talent im modernen Snooker.

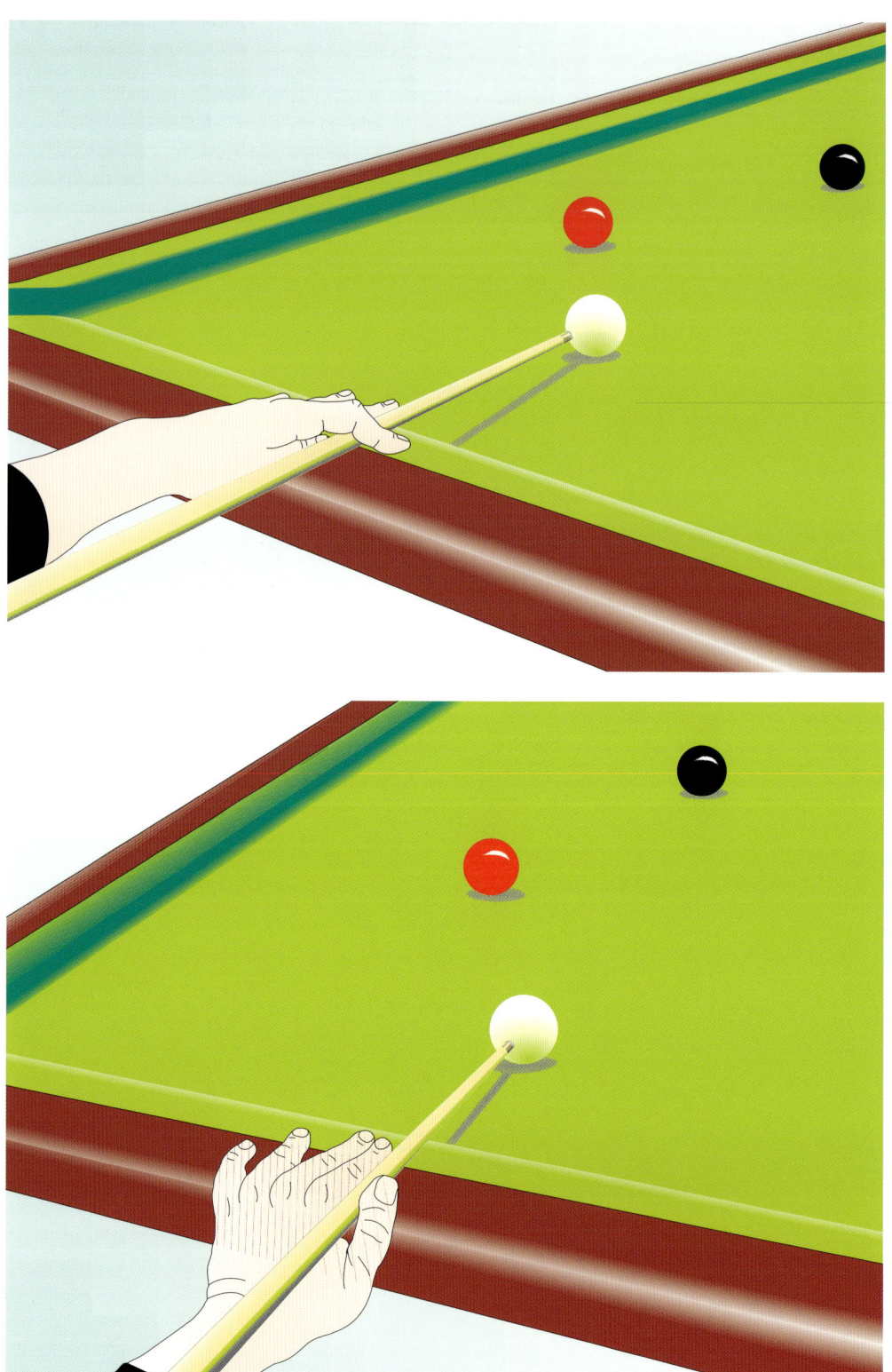

Linke Seite, von oben: Abbildung 2.07, 2.08 – Varianten des Bandenbocks

Für den Steilstoß braucht Jack Lisowski auch einen hohen Bock.

- Dann wird die Handmitte nach oben gezogen, so dass bei aufliegenden Fingerspitzen und Handballen ein Hohlraum unter den Knöcheln der Hand entsteht – eine Art Zelt.
- Zu guter Letzt wird der Daumen nach links oben an die Hand gedrückt, so dass sich zwischen Hand und Daumen ein Furche bildet (wie ein X), durch die später das Queue sicher geführt werden kann.

Die richtige Position der Bockhand auf dem Tisch ist genau eine Handlänge vor dem weißen Ball (Abbildung 2.06).

Der Bock auf der Bande

Nun kommt es ja auch vor, dass der Spielball nicht so gut erreichbar auf dem Tisch platziert ist und wir mit der Bande oder anderen Bällen als Hindernis zu kämpfen haben. Hierbei liegen die Finger auf der Bande und die Handfläche auf der Außenseite des Rahmens. Der Daumen steht wieder neben dem Knöchel des Zeigefingers (Abbildung 2.07). Eine Alternative ist es, die Handfläche an den Tisch zu legen und weiterhin aus der offenen Brücke spielen zu können (Abbildung 2.08).

Abbildung 2.09: der Übergriff

Steve Davis muss die Bockhand auf der Bande auflegen.

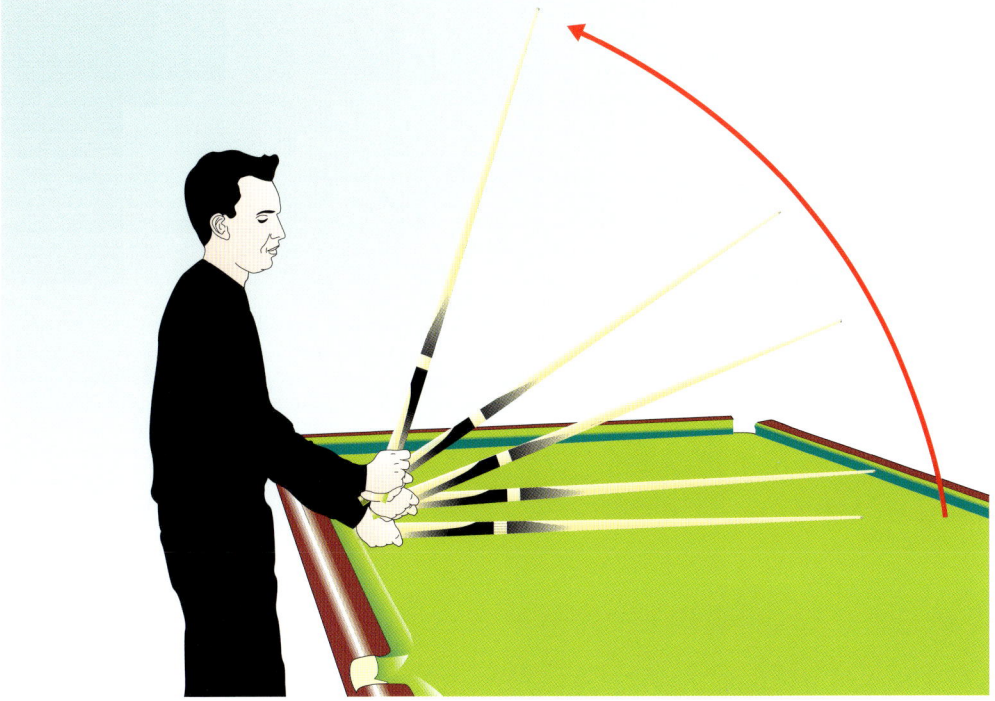

Abbildung 2.10: Übung zur Ermittlung der richtigen Griffstärke

Der Übergriff

Wichtig ist, mit den Fingern, die auf dem Tisch sind, ausreichend Stabilität zu erreichen. Der Daumen ist wieder neben dem Knöchel des Zeigefingers hochgestellt (Abbildung 2.09).

🔴 Der Griff

Der Griff der Schwunghand ist geschlossen, aber nicht verspannt. Alle Finger umschließen das Queue. Wir legen unser Queue vor uns auf den Tisch und nehmen dies nun in die Hand und heben es aus der Hand auf die Schulter (Abbildung 2.10).

Bitte nicht mehr Kraft als notwendig investieren, da es sonst später im Stoß zu Verspannungen und Verdrehungen in der Stoßhand kommt. Ein sehr gutes Beispiel zur Erklärung der Griffstärke ist der Vergleich mit dem Vogel in der Hand, der nicht wegfliegen, aber auch nicht verletzt werden soll (siehe Abbildung 2.11).

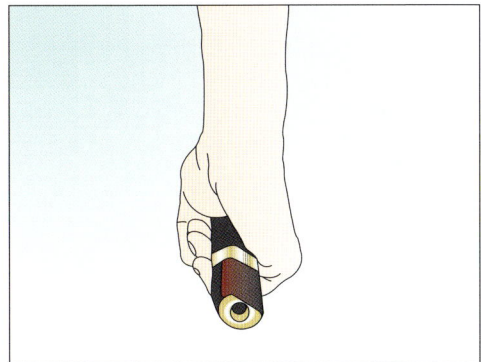

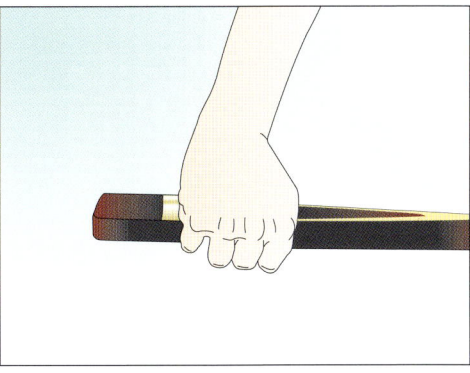

Abbildung 2.11: Der richtige Griff

Der Stand

Anlauf

Da der Stand unsere Verbindung zum Boden bedeutet und somit unser »Fundament« ist, sollte er so stabil wie möglich sein. Dafür sollten die **Füße knapp schulterbreit auseinander** stehen (Abbildung 2.12). Für den richtigen Stand legt man das Queue auf die Ziellinie, die das Führungsauge festgelegt hat (siehe Abbildung 2.13).

Wir tun so, als ob wir einhändig spielen würden. Unsere Queuespitze ist dabei ca. 1 cm vom Spielball entfernt (Abbildung 2.14).

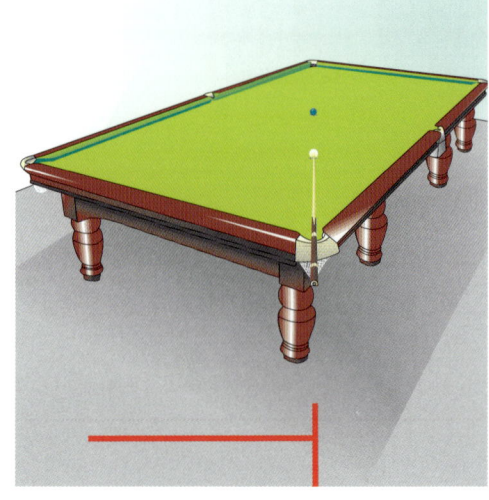

Abbildung 2.13: Queue auf der Ziellinie

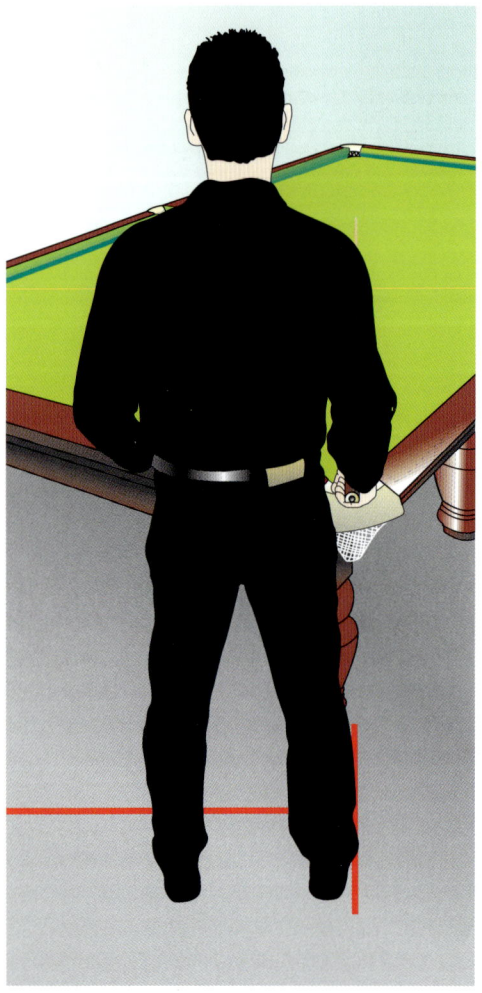

Abbildung 2.12: schulterbreiter Stand

Abbildung 2.14: Queue in Zielrichtung halten

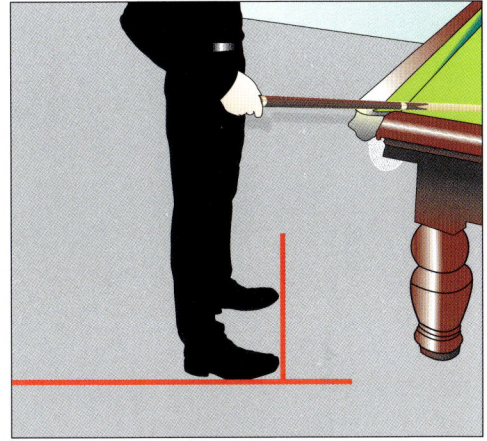
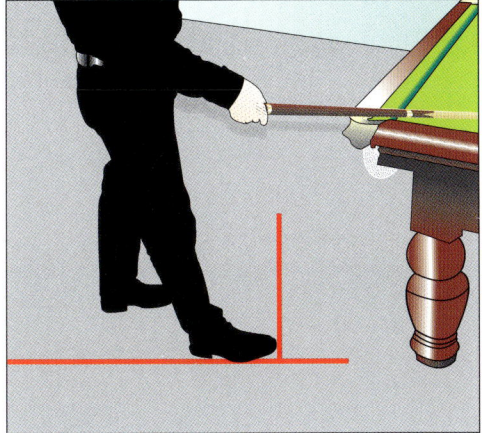
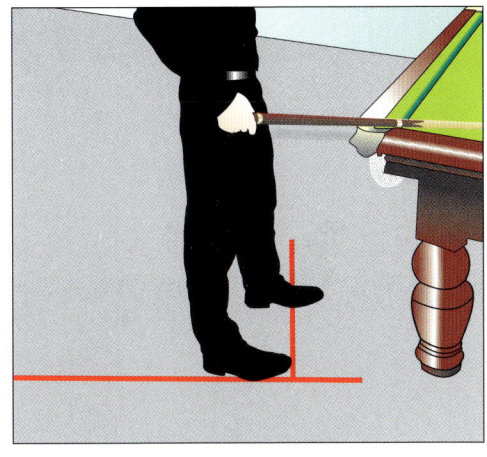

Abbildungen 2.15 (oben und unten)   Abbildungen 2.16 (oben und unten)

Nun stellt man den rechten Fuß (bei Rechtshändern) so links neben das Queue, dass der Spann in etwa auf Höhe der rechten Hand ist und die rechte Fußaußenseite die **Queuelinie** streift. Die Fußspitze zeigt dabei parallel zur Ziellinie also knapp links neben die Zielball (Abbildungen 2.15).

Der linke Fuß wird nun schulterbreit neben den rechten Fuß gestellt. Dies sollte zu einer zugleich bequemen und stabilen Position führen. Dieser Fuß sorgt dafür, dass das Körpergewicht in der linken Körperhälfte liegt und wir nicht mit unserem Gewicht das Queue belasten und die Ziel- bzw. Queuelinie verschieben. Dafür kann der linke Fuß parallel zum rechten Fuß stehen oder leicht nach vorn (Abbildungen 2.16).

Mit solch einem Stand ist genug Stabilität vorhanden für einen sauberen Stoß. Gleichzeitig ist die Voraussetzung gegeben, seinen Körperschwerpunkt optimal zu positionieren und außerdem genug Spielraum zu haben, um unter dem Oberkörper und rechts vom Unterkörper ungestört mit der Schwunghand zu stoßen.

Bei der Vielzahl der Spieler ist das rechte Bein gestreckt und das linke Bein gebeugt. Als Beruhigung für alle, die dies schon versucht haben und kurz vor der absoluten Streckung des rechten Beines mit Schmerzenschreien aufgegeben haben, sei gesagt, dass auch hier die richtige Technik wirkt. Es

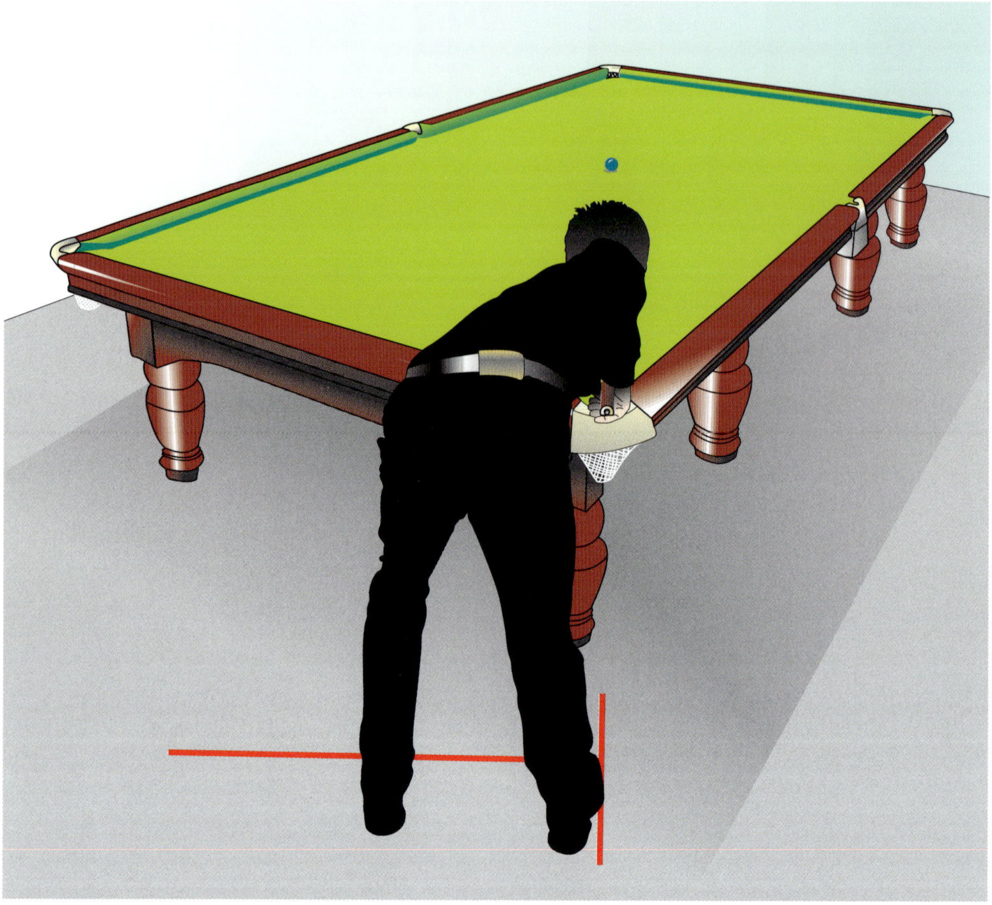

Abbildung 2.17: Körpergewicht etwas auf das linke Bein verlagern

Ding Junhui zeigt, dass Gelenkigkeit beim Snooker kein Nachteil ist.

ist wie in jeder Sportart ein wenig ungewohnt und mit Muskelkater behaftet, aber auch ein weiterer Schritt in Richtung Erfolg.

Das linke Bein sollte im perfekten Stand einen Großteil der Belastung aufnehmen und das rechte Bein dadurch erstens entlasten und zweitens den Körperschwerpunkt ein wenig nach links verlagern, um Platz für die Queuelinie zu schaffen (Abbildung 2.17). Probieren geht hier über studieren (gerade den linken Fuß ein wenig nach vorne schieben wirkt oft Wunder). Stehen Sie stabil und fühlt sich alles gut an, sind Sie definitiv auf dem richtigen Weg.

Der Oberkörper

Der Oberkörper sollte nun bei eingenommenem Stand so nach vorne klappen, dass erstens die Beinstellung wie oben beschrieben erreicht wird und zweitens der Oberkörper sich links neben das Queue legt. Niemals darf das Queue aus der Ziellinie zum Körper hingezogen werden und auch darf es nicht durch Gewichtsverlagerung aus der Ziellinie nach rechts verschoben werden (siehe Abbildung 2.18). Das Queue befindet sich auf der Augenziellinie und dort soll es bleiben (siehe Abbildung 2.19).

Wie zu sehen ist, klappt der Oberkörper gerade nach vorne aus der Hüfte heraus, wobei

Abbildungen 2.18 (oben): verschobenes Queue und 2.19 (rechts): Queue auf der Ziellinie

Abbildung 2.20: Der Oberkörper klappt nach vorne, ohne das Queue aus der Ziellinie zu schieben.

in der letzten Phase der Kopf auf das Queue abgesenkt wird. Niemals das Queue zum Kopf ziehen, da dadurch die vorbereitete Ziellinie verschoben wird (Abbildung 2.20). Der Rücken bleibt dabei so gerade wie möglich. Der rechte Oberarm wird während dieser Bewegung über das Schultergelenk nach oben geführt, wobei der Ellenbogen gerade über dem Queue bleiben soll (siehe Abbildung 2.21). Der verschobenen Ellenbogen (siehe Abbildung 2.22) ist eine der häufigsten Fehlerquellen.

Zur Überprüfung dieser Bewegung ist ein Spiegel zuhause hervorragend geeignet. Diese Methode hat zwei Vorteile:

- *Die Biomechanik wird täglich für ein paar Minuten trainiert und der Körper ist für die nächste Trainingssession vorbereitet.*
- *Die Kontrolle der Körperhaltung ohne Queue und Tisch ist leicht im Spiegel zu kontrollieren.*
- *Der Ellenbogen, das Hauptproblem vieler Spieler, ist ständig trainiert und findet sich leichter über dem Queue anstatt seitlich davon wieder. Abbildung 2.23 zeigt, was Sie bei Ihrer Trockenübung im Spiegel sehen sollten.*

Abbildungen 2.21 (oben, gerader Ellenbogen), 2.22 (fehlerhafte Ausführung) und 2.23 (rechts, Trockenübung)

Abbildung 2.24: Ellbogen ist höher als die Schulter

Abbildung 2.25: Handgelenk nicht abwinkeln

Arm, Hand, Kopf und Kinn

- *Der rechte Oberarm endet gerade über dem Queue. Der Arm geht zum Queue und nicht das Queue zum Arm!*
- *Der Ellenbogen ist der mechanische Hebelpunkt des Unterarms und ist deutlich höher als das Schultergelenk (Abbildung 2.24).*

Von selbst sollte sich nun das Queue parallel zum Boden bzw. der Tischplatte befinden. Sollte dies nicht der Fall sein, spielen Sie ein wenig mit dem Abstand, der Fußstellung und der Gewichtsverlagerung bis das Queue parallel ist. Die rechte Hand sollte gerade sein und der Unterarm und das rechte Handgelenk sollten eine gerade Linie bilden (Abbildung 2.25).

Um im Stoß diese Position beizubehalten (und nicht »Motorrad zu fahren«, also das Handgelenk zu verdrehen), kann man als Hilfe den rechten **Zeigefinger** abstrecken (Abbildung 2.26) und diesen gerade nach unten zum Boden zeigen lassen. Konzentrieren Sie sich im Stoß darauf, den Zeigefinger nicht in eine Richtung zu drehen, sondern gerade (und gestreckt) zu lassen. Dies ist nur eine Trainingsvariante, um sich selbst dazu zu bringen das Handgelenk nicht zu drehen.

Das Kinn ist ein wichtiges Instrument zur Einhaltung der geraden Stoßlinie. Es wäre nur zu schade, wenn wir bis hierhin alles richtig gemacht und nun den Abstoß und die Bewegung des Spielballs nicht in die so gut vorbereitete Richtung ausführen könnten. Da zwischen den beiden Händen ca. 120 cm Hebel liegen ist das Kinn als Kontaktpunkt Nummer drei des Spielers mit dem Queue sehr wichtig (Abbildung 2.27). Dadurch ist eine geschlossene und sichere Queueführung möglich.

- *Aber am wichtigsten ist es, das Queue nicht beim Stoß allein zu lassen, sondern auch nach dem Abstoß noch Kontakt mit dem Kinn oder der Brust als Kontaktpunkt Nummer vier zu haben. Aber auch dazu später mehr.*

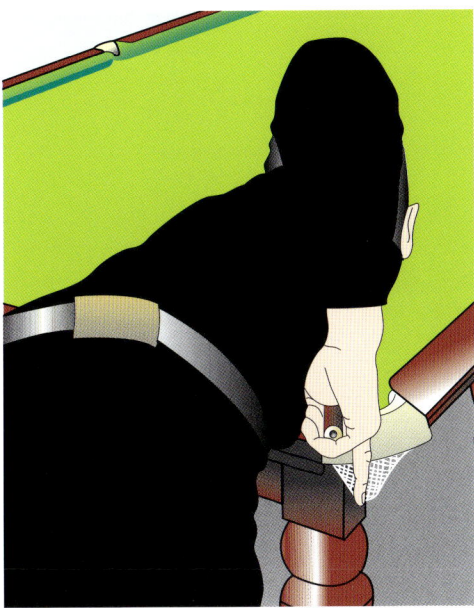

Abbildung 2.26: Zeigefinger zeigt nach unten

- Checkliste Stand
- · Stimmt die Entfernung von den Füßen zum Spielball?
- · Sind die Füße schulterbreit auseinander und parallel?
- · Ist mein rechtes Bein durchgedrückt und mein linkes gebeugt?
- · Nimmt mein linkes Bein spürbar Spannung auf?
- · Ist mein Oberkörper gerade nach vorne geklappt?
- · Bin ich zum Queue gegangen, statt das Queue zu mir zu ziehen?
- · Ist mein rechter Oberarm gerade über dem Queue?
- · Ist der Kopf richtig über dem Queue (ohne das Queue vorher aus der Ziellinie verschoben zu haben)?
- · Zeigt der Unterarm im 90-Grad-Winkel zum Boden, wenn meine Queuespitze an dem Spielball ist?
- · Ist das Queue parallel zum Boden?
- · Ist mein rechtes Handgelenk gerade?
- · Fühl ich mich einigermaßen wohl mit meinem Stand (zumindest nach ein paar Stößen sollte sich eine gewisse Balance eingespielt haben)?

Abbildung 2.27: Kinn als Kontaktpunkt nutzen

Der Stoß

Kommen wir nun zum eigentlich wichtigen Teil des Spiels: Natürlich geht es beim Snooker darum, den weißen Spielball möglichst präzise in eine gewünschte Richtung zu spielen (und das mit dem gewünschten Tempo und dem gewünschten Drall). Auch wenn die Basics wie Stand, »starkes« Auge und Bockhand sowie das Zielen wichtige Grundlagen des Spiels sind: Sie sind doch nutzlos ohne die richtige Dynamik und das richtige »Gefühl« im Abstoß.

Aber was macht einen guten Stoß aus?
– Wann ist ein Stoß »richtig«?
– Wenn der Objektball versenkt wird?
– Wenn die Weiße kontrolliert wird?
– Wenn er sich einfach gut anfühlt?
– Wie bekomme ich die Dynamik auf die weiße Kugel?

Dies alles wollen wir uns auf den folgenden Seiten anschauen.

Abbildung 2.28: Einschwingen

Abbildung 2.29: Aufziehen Ausgangsstellung

Abbildung 2.30: Aufziehen Endposition

Grundlagen für einen soliden Stoß

Wir nehmen an, unser Zielpunkt ist fixiert (und auch richtig), unser Stand ist eingenommen (und sowohl stabil als auch bequem) und unser Geist vorbereitet auf das, was kommen mag. Jetzt müssen wir nur noch den Ball mit dem Queue »antippen« und schon kann nichts mehr schief gehen. Oder?

So leicht ist es nicht. Natürlich nicht!

Der Stoß selbst besteht aus drei Phasen:
- *Einschwingen*
- *Aufziehen*
- *Stoßen*

Phase 1 (Einschwingen)

Diese Phase (Abbildung 2.28) ist bei verschiedenen Spielern sehr unterschiedlich. Es bezeichnet das **Einschwingen** des Queues vor dem eigentlichen Stoß! Probieren Sie ein wenig aus und finden Sie einen »Einschwung«, der für Sie passend ist. Hier hat jeder Spieler seine eigenen Vorlieben.

Dabei kann es von zwei oder mehr Einschwüngen in schneller bis langsamer Folge bis hin zum Weglassen dieser ersten Phase alles geben, was sich für Sie gut anfühlt. Gerade zu Beginn der Snookerkarriere ist ein behutsames rhythmisches Schwingen als Routine anzustreben.

Abbildung 2.31: Unterarm steuert die Bewegung

Phase 2 (Aufziehen)

Wenn Sie mit dem Einschwingen fertig sind, die Queuespitze sich vorne am Spielball befindet, der Blick auf den Objektball gerichtet ist, und Sie mental bereit zum Stoßen sind, beginnt die **Aufzieh-Phase** (Abbildung 2.29).

Ein kurzes Wort zur Konzentration und zum mentalen »Bereit-Sein«: Hier und nur hier und jetzt befindet sich der wichtigste Moment im Snooker. Von nun an bis zum eigentlich Treffen der Weißen sollte Ihr Konzentrationsmaximum liegen. Denn der Spielball ist nur an dem Impuls interessiert. Diese Impulsabgabe mit höchster Konzentration ist eins der Geheimnisse des Spiels.

Beim Aufziehen wird das Queue auf geradem Weg vom Spielball auf der Ziellinie so lange zurückgezogen, bis die Queuespitze sich an den Fingerkuppen der Bockhand befindet (Abbildung 2.30). Wie man sieht, bleibt der Ellbogen in Position und nur der Unterarm zieht das Queue auf der Ziellinie

Höchste Konzentration: Der Waliser Ryan Day plant sein nächstes Break.

zurück (Abbildung 2.31). Dabei sollte das Queue ruhig locker in den letzten drei Fingern gehalten werden, so dass diese sich etwas öffnen können, um das Queue parallel zum Boden zu halten. Daumen und Zeigefinger sollten den Kontakt zum Queue aber nicht verlieren.

> *Eine Pause nach dem Aufziehen erleichtert das kontrollierte Ausliefern des Queues und sorgt für die notwendige Konzentration. Vergleichbar ist diese Bewegungspause mit dem Bogenschießen. Die Sehne wird gespannt und die Konzentration steigt. Eine Hilfe ist hierbei im Training das Queue aufzuziehen und dann 21, 22 … zu zählen bevor es zum Abstoß kommt.*

Konzentration

Ein sehr wichtiger Punkt für einen Snookerspieler und an dieser Stelle ein Erfolgsgarant (Abbildung 2.32).

> *Viele Spieler haben einen Konzentrationsverlauf, der folgendermaßen aussieht:*
> - *Der Gegner verschießt, ich darf an den Tisch: Begeisterung und 100 Prozent Konzentration.*
> - *Ich geh an den Tisch, sehe die Situation und plane mein Break, das ja mindestens zehn Punkte höher als mein bisher höchstes Break sein soll: Vorfreude und 100 Prozent Konzentration.*

Grundlagen für einen soliden Stoß | 47

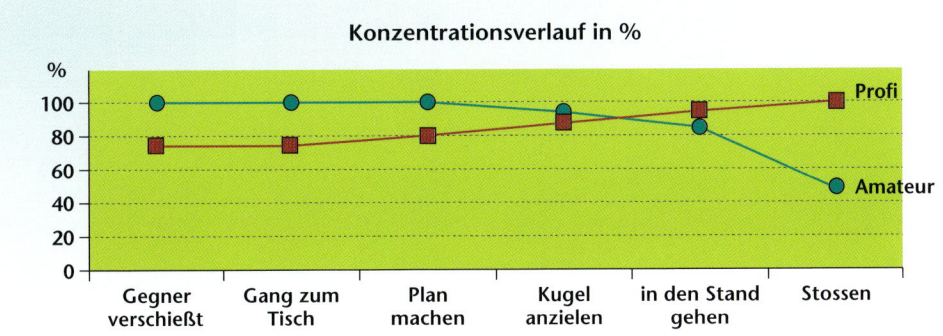

Abbildung 2.32: Unterschiedliche Konzentrationsverläufe bei Profis und Amateuren

- Ich gehe zur Weißen, schau mir alles an und bin mit meinem Plan (der schon vor dem inneren Auge sieht, wie die finale Schwarze fällt, obwohl noch zig Rote auf dem Tisch liegen) einverstanden: Zufriedenheit und fast 100 Prozent Konzentration
- Ich stoße und muss natürlich nur noch die einfache Rote rein schießen, um dann endlich weitermachen zu dürfen auf dem Weg zur Clearance: Konzentration beim Abstoß auf ein Minimum gefallen und der Ball geht trotz bester Vorbereitung nicht in die Tasche.

Zwingen Sie sich dazu, Ihr Konzentrationsmaximum in den Abstoß zu legen! Hier trennt sich Erfolg und Misserfolg! Hier können Sie Ihren Teil zum Erfolg beisteuern!

Natürlich ist das Planen des Frames wichtig, sicher sollen Sie sich die Freude beibehalten, die Sie verspüren, wenn Sie an den Tisch »dürfen«. Aber denken Sie doch einfach mal nach der Einschwingphase kurz daran, dass jetzt der Ball reingeschossen wird (und zwar von Ihnen und nicht von alleine!), und versuchen Sie jetzt geistig und körperlich hell wach zu sein.

In der Ruhe liegt die Kraft: Ding Junhui tankt mentale Stärke.

Abbildung 2.33: Partnerübung zur Stoßdynamik

Phase 3 (Das Ausliefern des Cues)

Der Stoß ist zwar das eigentlich Wichtigste im Snooker, denn hier entscheidet sich, ob der Spielball das Richtige tun wird. Aber der Stoß ist auch einfach die Summe aller anderen Faktoren, die wir in der Stoßvorbereitung bis dahin geplant und umgesetzt haben.

Ein guter Stand, ein gutes Zielen und auf den Ball zugehen, eine gute Bockhand und ein gutes Set Up sind die Basis, die in einem guten Stoß enden. Der Stoß zeigt aber auch, welche Faktoren noch nicht stimmen und wo Verbesserungspotential vorhanden ist.

> Wichtig im Stoß ist die Dynamik und das Timing. Dynamik ist die Energie, die von der Schwunghand (bei Rechtshändern die rechte Hand) über das Queue beim Erreichen der Queuespitze dem Spielball übermittelt wird. Eine gute Stoßdynamik zeigt sich darin, dass die Weiße sauber getroffen wird, viel Wirkung, falls benötigt, in der Weißen ist (also Effet, Zugball oder Nachläufer) und die Stoßkraft nicht aus ein »Langes-durch-die-Weiße-gehen« zu Stande kommt, sondern durch eine gute Beschleunigung.

Hier ist anzumerken, das Snooker ein sehr ökonomisches Spiel ist und nur der Aufwand betrieben werden sollte, der sinnvoll ist, um den Objektball zu versenken und den Spielball nach seinen physikalischen Möglichkeiten zu positionieren.

Die rechte Hand und der rechte Unterarm beschleunigen beim Abstoß (bei immer noch gleich bleibendem Oberarm) auf der Ziellinie nach vorne, bis die Queuespitze diese Energie an den Spielball abgibt.

> Wichtig ist zu lernen, wo der Spielball beginnt und die Dynamik abgegeben wird. Bitte den Schwung von hinten aus der beschrieben Bewegungspause holen und nicht durch einen Bizepscurl. Dies ist eine der häufigsten Ursachen für das so genannte »Verreißen«.

Der simple Weg dazu ist sich zu einer Trainingsübung den Spielball von einem Spielpartner festhalten zu lassen (Abbildung 2.33) und so den Kontaktpunkt im Muskelspeicher abzulegen. Dieses Timing bringt die so genannte Stoßqualität. Auf keinen Fall sollte der Oberarm mit nach unten gezogen werden. Dies verreißt nur den Stoß und der Spielball

Abbildung 2.34: Der Ellenbogen sollte beim Stoß oben bleiben; die Dynamik kommt aus dem Unterarm.

kann nicht mehr in der richtigen Höhe getroffen werden, die vorher ruhig gezielt wurde.

Genug der grauen Theorie, kommen wir zu realen Werten (siehe Abbildung 2.34). Aus der in Phase zwei beschriebenen Aufzieh-Stellung geht der Unterarm nach vorne, bis dieser vom Oberarm gebremst wird beziehungsweise die Schwunghand an die Brust schlägt. Dies kann man überprüfen, in dem man nach dem Stoß schaut, wie weit das Queue durch die Weiße (also den ursprünglichen Standort der Weißen) durchgegangen ist. Das Queue sollte je nach Stoßgeschwindigkeit nicht weiter als 1,5 - 2,5 Ballbreiten durchstoßen.

Das Timing und die Dynamik selbst lässt sich bildlich nur schwer darstellen, aber wenn man die Weiße genau beobachtet (den Weg, die Stabilität sowie die Wirkung, die die Weiße hat), dann kann man daraus Rückschlüsse auf den durchgeführten Stoß ableiten. Also versuchen Sie, den Stoß mit Dynamik im Unterarm locker und unverkrampft auf der Ziellinie durchzuführen.

Bleiben Sie nach dem Stoß noch zwei Sekunden in der geschlossenen Stoßhaltung, um Fehler durch ein unkontrolliertes Aufrichten zu vermeiden. Gerade in dem Moment nach einem Stoß ist die Analyse unverzichtbar und Fehler sind sehr deutlich zu sehen. Daran sehen Sie am besten, wie gut Ihr Stoß war und was noch zu verbessern ist!

Eingekesselt: Besonders in schwierigen Situationen ist gutes Timing gefragt.

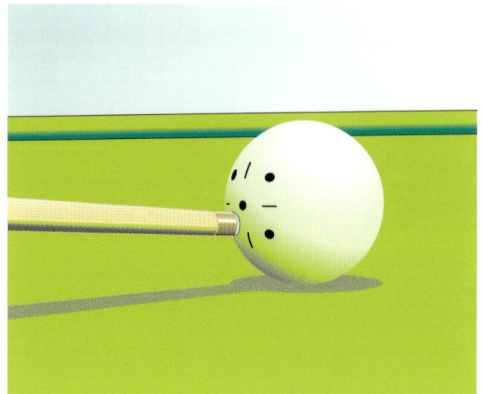 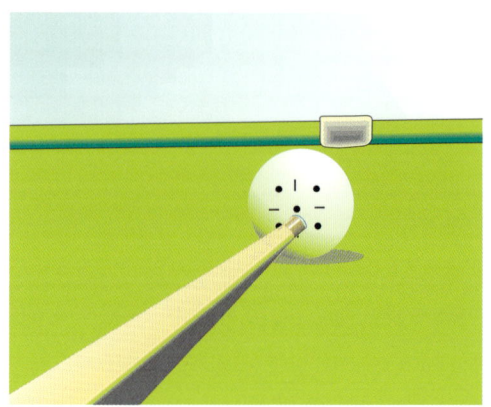

Abbildungen 2.35: Treffpunkt Stoppball

Stoppball, Nachläufer und Zugball

Diese »Wirkungen« finden auf der Vertikalen des Spielballs statt. Der **Stoppball** bleibt bei einem gerade liegenden Ball an der Stelle stehen, an der er den Objektball getroffen hat (Abbildung 2.35). Das Prinzip ist einfach: Wir stoßen den Spielball etwa zehn Millimeter unter dem Zentrum ab (Vorsicht: nicht nur dort zielen, sondern auch treffen). Diese leichte **Rückwärtsrotation** muss bis zum Objektball anhalten (die Rotation sollte auch nicht viel länger anhalten, da wir sonst mit zu viel Energie abstoßen, die nicht notwendig ist). Der Spielball trifft den Objektball und würde, bedingt durch seine Massenträgheit, weiter nach vorn laufen. Die von uns getimte Rückwärtsrotation hebt diesen Effekt auf und der Spielball bleibt stehen.

Mit ein wenig Übung ist dies der technisch einfachste Ball auf dem Tisch und ein Stoppball reagiert bei jedem Spieler der Welt gleich. Es ist egal ob Anfänger oder Profi. Ein Stoppball bleibt stehen. Daher ist dieser Ball der beliebteste Ball jedes Profis, da Positionsfehler ausgeschlossen sind. Dazu mehr in einem späteren Teil.

Bei einem **Nachläufer** wird der Spielball oberhalb des Zentrums getroffen und so in eine **Vorwärtsrotation** versetzt. Dies führt zu der Geschwindigkeitserhöhung und Vorwärtsrotation nach Treffen eines anderen Balls in der Vorwärtsbewegung (Abbildung 2.36). Dieser Stoß erfordert eine gewisse Dynamik im Abstoß, um die Rotation bis zum Treffen des anderen Balls anhalten zu lassen. Die Rotation muss bis zum Objektball anhalten, um sich dort zu entfalten. Dies erfordert

Abbildungen 2.36: Treffpunkt Nachläufer

Erschwerte Bedingungen: Paul Hunter ist nahe der Bande gesnookert.

ein wenig Übung und wir setzen nur soviel Dynamik ein, um mit dem Spielball die gewünschte Position zu erreichen. Snooker ist ein sehr ökonomisches Spiel, daher müssen wir uns über Aufwand und Ertrag in der Planung klar werden. Sonst verlieren wir die Kontrolle und die gewünschte Position.

Der **Zugball**, auch **Rückläufer** genannt funktioniert ähnlich. Hierbei treffen wir den Spielball mit der Queuespitze im Abstoß unterhalb des Zentrums und tiefer als den Stoppball (vergleichbar mit dem Doppel-Drei-Trefferfeld auf einer Dartscheibe, Abbildung 2.37). Dadurch erzeugen wir eine **Rückwärtsrotation** des Spielballs. Hält diese bis zum Objektball an, wird der Spielball zu uns zurücklaufen. Im Gegensatz zum Stoppball hat der Spielball hier weit mehr Rotation, und diese sorgt für den Rückwärtslauf.

> *Hier ist es entscheidend verschiedene Stoßtempi im Einzeltraining auszuprobieren und seine eigene Stoßdynamik kennen zu lernen. Auch hier sollte der Schwungeinsatz zunächst bitte möglichst ökonomisch sein. Timing ist übrigens bei jedem Stoß ein Grundstein zum Erfolg. Die Rotation ist mit Bedacht zu planen und auch auszuführen.*

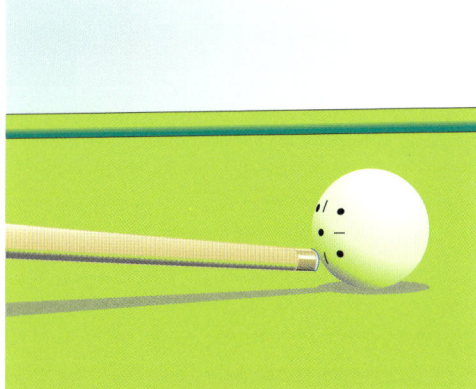 

Abbildungen 2.37: Treffpunkt Rückläufer/Zugball

Abbildungen 2.38: Treffpunkte Links- und Rechtseffet

🔴 Effet

Effet ist ein sehr wichtiges, aber auch anspruchsvolles technisches Instrument. Effet ist eine **Seitenrotation** (Abbildung 2.38) und dient dazu, dem Spielball einen abweichenden Winkel beim Abprall von der Bande zu geben. Effet kann den Winkel vergrößern (Laufeffet) oder auch verkleinern (Gegeneffet). Ein Beispiel dazu (Abbildung 2.39):

- · Der Spielball wird wie ein Stoppball kurz unter seinem Zentrum von uns mit ausreichend Dynamik (bis zum Objektball anhaltende Rotation) abgestoßen. Der rote Ball wirkt versenkt und der Spielball nimmt den Weg zu Position 1.
- · Spielen wir den Ball mit Linkseffet (Horizontal links, vertikal unterhalb des Zentrums) läuft er zu Position 2.
- · Zu Position 3 kommt er mit Rechtseffet.

Soweit die Vorteile des Effets im Positionsspiel. Aber das Effet hat auch seine Tücken. Ein Spielball, der horizontal außerhalb des Zentrums abgestoßen wird, versetzt ähnlich wie ein Fußball (Abbildung 2.40). Trifft man in links außerhalb des Zentrums fliegt er nach rechts. Ein Spielball lässt sich zwar nicht so weit abdrängen, verlässt aber dennoch die Ziellinie.

So reagiert auch eine Snookerkugel. Daher ist Effet erfahrenen Spielern vorbehalten und der Einsatz bedarf sehr viel Übung und Erfahrung. Unkontrollierter Effet ist daher der Feind jedes Neueinsteigers. Also: Vorsicht in der Horizontalen des Spielballs.

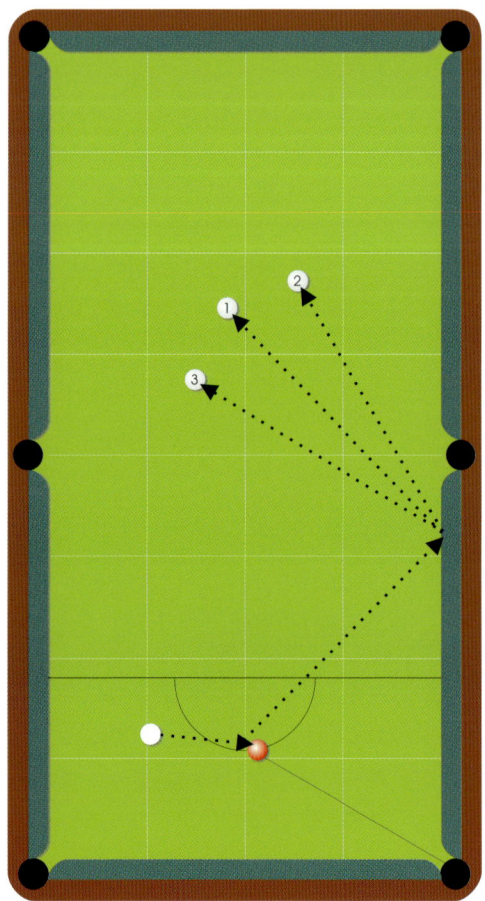

Abbildung 2.39: Lauf- und Gegeneffet

 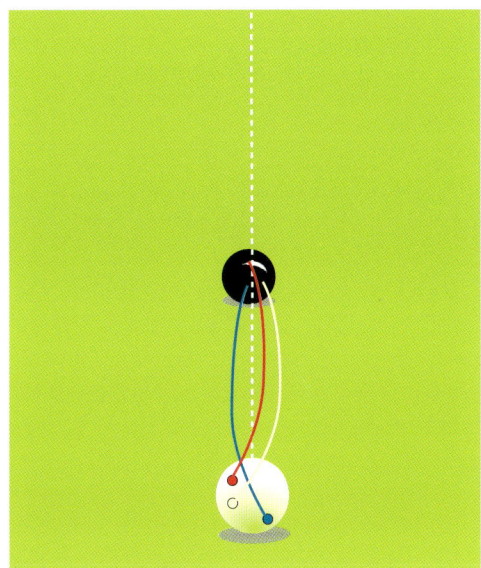

Abbildungen 2.40: Auswirkungen des Effets auf die Laufwege des Spielballs

Das Kinn fixiert das Queue, den Ball fest im Blick: Neil Robertson

Positionsspiel

Snooker scheint oft sehr einfach, wenn man Profis beobachtet. Die Positionen des Spielballs scheinen vorprogrammiert und wie an der Schnur gezogen zu sein. Aber auch ein Topspieler hat sich an die physikalischen Gegebenheiten der Bälle zu halten. Viele Spieler stehen im ständigen Konflikt mit dem Verhalten des Spielballs und sehen ihn als »Befehlsempfänger« an. Aber der Spielball reagiert nur auf physikalische Reize und ist gegenüber Emotionen unempfindlich – im Gegensatz zu einem Spieler.

Daher ist der sinnvollste Weg, von diesem Spielball »zu lernen« und ihn nicht auf Positionen platzieren zu wollen, die er nicht, selten oder gar nicht erreichen kann. Das Positionsspiel eines Spielers ist umso besser, je mehr er wie ein Spielball denkt und sein Spiel auf physikalischen Gegebenheiten aufbaut.

Gerade im Einzeltraining kann ein Spieler Zeit damit verbringen, diesen kleinen weißen »Freund« näher kennen zu lernen und zu verstehen. Er leitet uns und bringt uns auf neue Ideen. Er sorgt dafür, dass sich unser Wissen über das Positionsspiel ständig erweitert. Positionsspiel im Snooker bedeutet, den weißen Ball nach dem Treffen mit dem Objektball mit

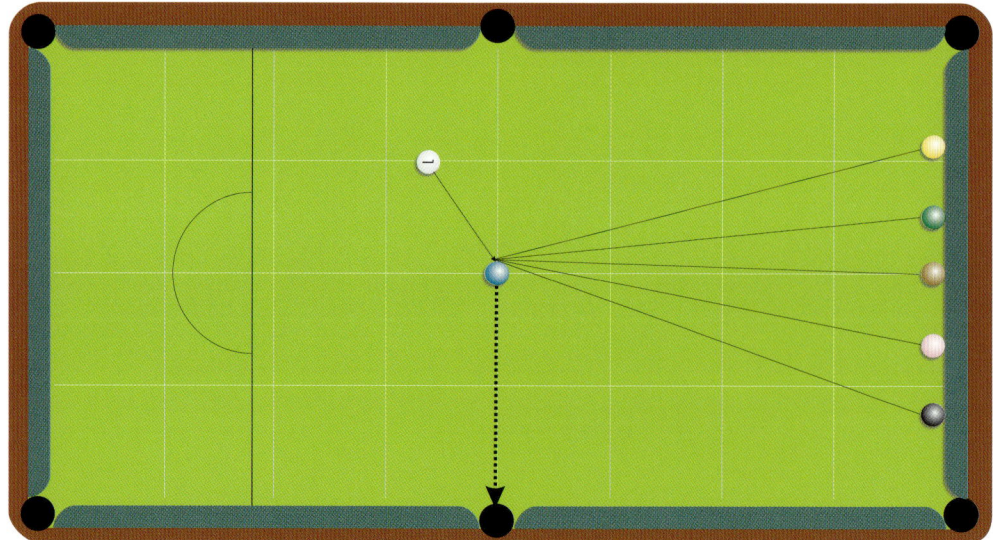

Abbildung 2.41: Unterschiedliche Abprallwinkel

Kniffelige Situation: Stephen Maguire braucht eine gute Idee.

einer vorher geplanten Geschwindigkeit in eine vorher gedachte Richtung zu bewegen (Drall, um die Richtung aus der Bande zu verändern wollen wir hier erst einmal vernachlässigen).

Die Geschwindigkeit ist eine Sache des Gefühlstrainings und sollte sich nach genug Übung und Tischzeit von selbst einstellen. Die Richtung des Spielballs (also der Abprallwinkel) ist allerdings eine Mischung aus Gefühl und Berechnung. Wie dies funktioniert soll in den nächsten Zeilen erklärt werden.

Als Ausgangssituation nehmen wir den Fall an, dass Blau auf ihrem Spot liegt, und die Weiße leicht versetzt dazu mit ca. einer Viertel Tischhälfte Entfernung (Abbildung 2.41). Falls wir nun die Blaue ins Mittelloch versenken, wo wird dann die Weiße hinlaufen? Wohin können wir überhaupt die Weiße hinbringen und wohin nicht? Kann man den Abprallwinkel überhaupt berechnen, und ist dieser für jeden Spieler gleich? Stellen wir uns kurz einen geraden Ball vor.

Für diesen Ball gibt es drei mögliche Stöße:
- *Stoppball (die Weiße bleibt direkt nach dem Kontakt auf der Stelle liegen);*
- *Zugball (die Weiße läuft nach dem Kontakt vom Objektball zurück);*
- *Nachläufer (die Weiße läuft nach dem Kontakt dem Objektball hinterher).*

Für unsere Übung wollen wir uns am Anfang mit dem Stoppball befassen. Da bei geradem Stoß die Position des Spielballs bei einem Stoppball für alle Spieler gleich ist (er bleibt liegen) nehmen wir an (zu Recht wie sich herausstellen wird), dass diese Gleichheit des Ergebnisses auch für den versetzten Ball in unserer Übung gilt.

Wo aber läuft der Spielball nach dem Treffen des Objektballes hin? Wir alle wissen, dass der Spielball Richtung der farbigen Bälle laufen wird. Also kann es nur eine Art Abprallenergie geben, die die Weiße nach links laufen lässt. Ein Spielball, der wie ein Stoppball abgestoßen wird, wird den 90°-Weg von dem blauen Ball in Richtung des braunen Ball laufen.

Nun ist der berechenbare Laufweg des Spielballs beim Spiel eines Stoppballs klar. Was aber passiert wenn wir einen Zugball oder Nachläufer spielen? Sind die Ergebnisse ähnlich berechenbar? Hierzu schauen wir uns wieder das Beispiel des geraden Balles an. Je nach Spielstärke des Spielers (hier ist Stoßqualität gemeint) wird die Geschwindigkeit und Ausrollweite des Zugballs nach hinten sowie des Nachläufers nach vorne variieren (Jimmy White zieht einen Ball über den ganzen Tisch wieder zurück, der Amateur tut sich schon schwer, darauf einen Stoppball zu spielen). Also werden auch die Ergebnisse bei einem Ball mit Winkel voneinander abweichen, je nachdem wie gut die Stoßqualität und dadurch der Drall in dem Spielball ist. Wir können also die Stoppballlinie durch einen Zugball zu uns hin drehen und der Spielball wird den gelben oder grünen Ball erreichen.

Ähnlich verläuft es beim Nachläufer. Nur, dass sich die Abpralllinie von uns weg öffnet und wir somit den pinkfarbenen oder schwarzen Ball treffen.

Die Stoppballlinie läuft genau 90 Grad senkrecht von der Richtung die der Objektball läuft weg, und ist unabhängig von der Position der Weißen

Nachläufer und Zugball hängen von der Position der Weißen ab (viel Winkel bedeutet weniger Möglichkeiten mit Effet die Stoppballlinie zu verändern) sowie von der Stoßqualität des Spielers. Die Abpralllinien für einen maxi-

Extremer Übergriff für eine schwer zu spielende Weiße

malen Nachläufer beziehungsweise maximalen Zugball sind Gefühlssache des Spielers.

Der Ablauf im Spiel sieht wie folgt aus:
- Stoppballlinie denken (am besten das Queue an den Objektball in Richtung des Stoppballs legen);
- Maximalen Zugball und Nachläufer vorstellen;
- Ziellinie vorstellen, auf der ich laufen möchte;
- Punkt in der Weißen suchen in Abhängigkeit der vorher gedachten Möglichkeiten.

Spiel mit Hilfsqueues und Verlängerungen

Der Umgang mit den diversen Hilfsgeräten sollte von Anfang an in das Training einfließen. Der Snookertisch ist nun einmal sehr groß und ein Break wegen mangelnder Erfahrung im Umgang mit den Hilfsqueues zu unterbrechen wäre vermeidbar. Hier einige einfache, aber hilfreiche Tipps im Umgang mit den »Gerätschaften«.

Lässt es die Situation zu, legen wir das Hilfsqueue auf die Augen- beziehungsweise Ziellinie. Dadurch haben wir für das Queue einen zusätzlichen Anhaltspunkt (Abbildung 2.42).

Der rechte Ellenbogen (bei einem Rechtshänder) sollte soweit nach vorn geschoben werden, dass der Winkel wieder bei 90 Grad liegt, wenn die Queuespitze nah am Spielball ist (Abbildung 2.43). Somit ist die identische Biomechanik nur in anderer Richtung gewährleistet. Ein oft auftretender Fehler ist, zu gerade hinter dem Queue zu stehen und das Queue in den Spielball zu werfen.

Abbildung 2.42: Hilfsqueue auf der Ziellinie

Auch beim Einsatz eines Hilfsqueues ist die Pause vor der Abstoßbewegung sehr hilfreich. Dadurch wird der Abstoß deutlich verbessert und koordiniert.

Abbildung 2.43: Ellenbogen nach vorne schieben

Vorbildliche Haltung: John Higgins mit dem »langen Besteck«

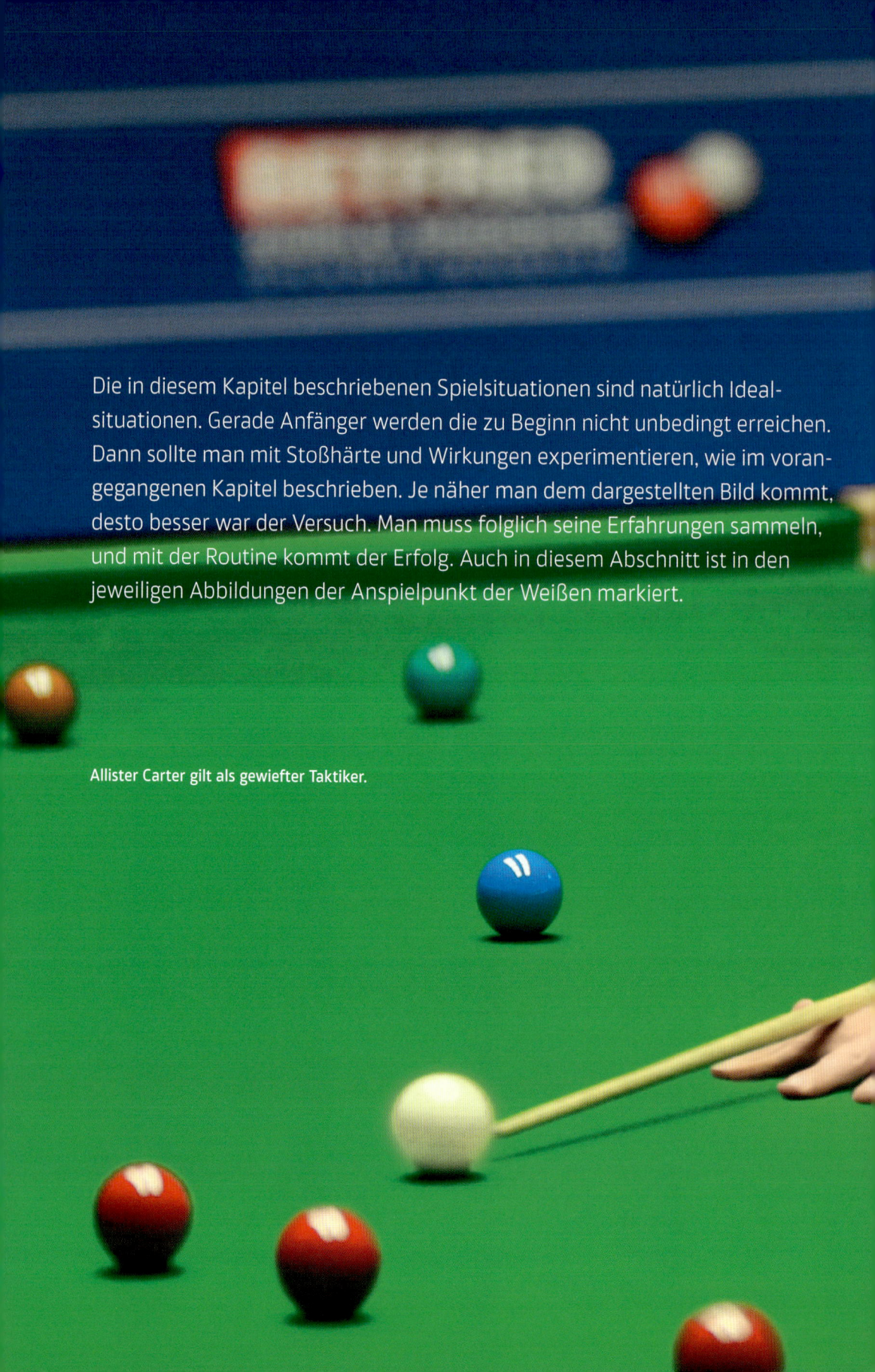

Die in diesem Kapitel beschriebenen Spielsituationen sind natürlich Idealsituationen. Gerade Anfänger werden die zu Beginn nicht unbedingt erreichen. Dann sollte man mit Stoßhärte und Wirkungen experimentieren, wie im vorangegangenen Kapitel beschrieben. Je näher man dem dargestellten Bild kommt, desto besser war der Versuch. Man muss folglich seine Erfahrungen sammeln, und mit der Routine kommt der Erfolg. Auch in diesem Abschnitt ist in den jeweiligen Abbildungen der Anspielpunkt der Weißen markiert.

Allister Carter gilt als gewiefter Taktiker.

Spiel und Taktik

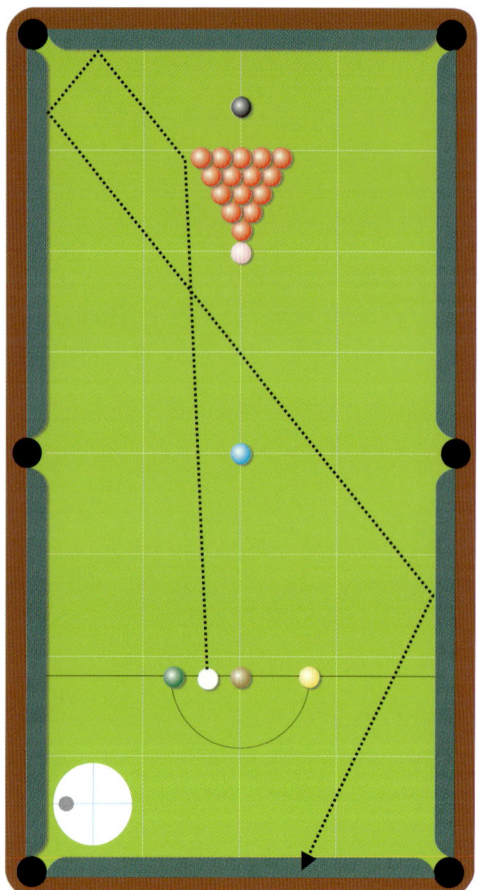

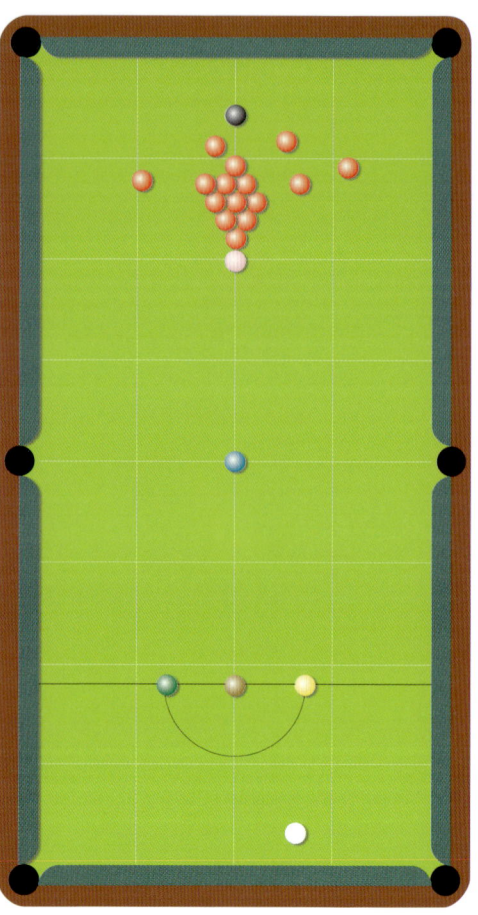

Abbildung 3.01: Anfangsstoß; Laufweg der Weißen

Abbildung 3.02: Tische nach dem Anfangsstoß

Der Anfangsstoß

Der Anfangsstoß ist der Start in den Frame. Und da sollte natürlich nichts Schlimmes passieren. Schließlich ist das eine **Standardsituation**, die man dementsprechend ausgiebig trainieren sollte. Eines vorweg:

- *Rein theoretisch ist es möglich, aus dem geschlossenen Pulk eine Rote zu lochen. Die Chancen aber sind gering, die Risiken dafür sehr hoch. Klappt es nicht, stellt man wahrscheinlich seinem Gegner einen wunderbaren »Elfmeter« hin. Vertrauen Sie also ruhig den Top-Profis und spielen Sie den Anfangsstoß als Safety.*

Man muss also eine Rote treffen und will nach Möglichkeit den Spielball wieder so nah wie möglich an die Fußbande und damit hinter die kleinen Farben holen. Dabei muss man aber auch aufpassen, dass einem die Weiße nicht an blau hängen bleibt (siehe Abb. 3.01).

Dazu legt man die Weiße zwischen grün und braun ins D und visiert die letzte Rote im Dreieck (also die hinten links) an. Der Spielball trifft dann die Rote und läuft über die Kopfbande, die lange Bande links hinter blau über die lange Bande rechts wie skizziert in den Zielbereich. Um das Treffen von blau sicher zu vermeiden, sollte **Linkseffet** eingesetzt werden. Die optimale Stärke des Effets probiert man am besten am Tisch aus. Am Ende sollten die Bälle zum Beispiel wie in Abbildung 3.02 liegen bleiben.

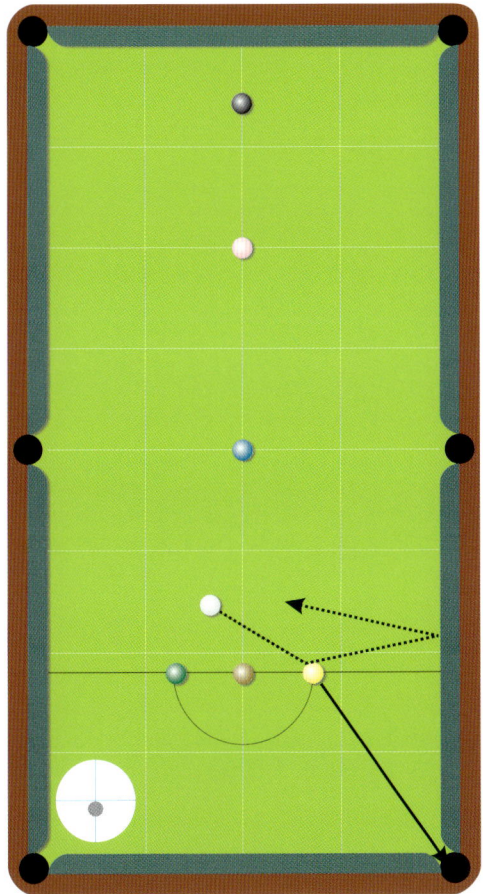

Abbildung 3.03: Endspiel auf gelb

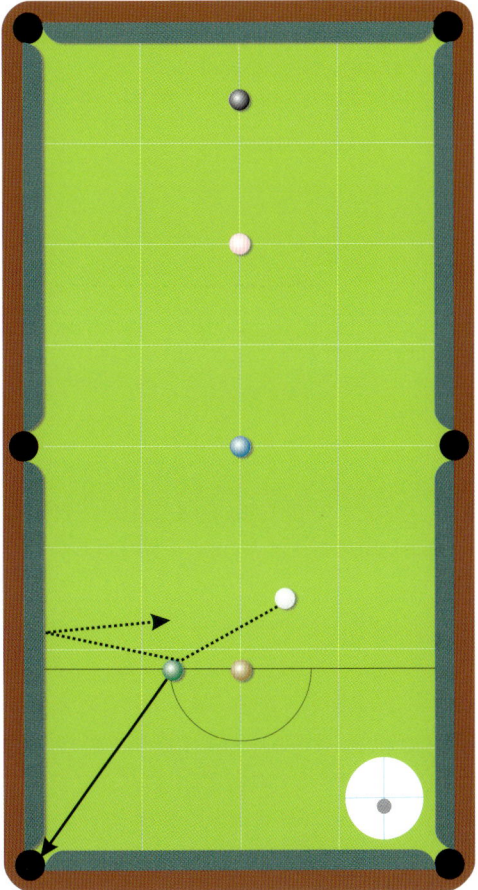

Abbildung 3.04: Endspiel auf grün

Natürlich kann man den Anfangsball auch spiegelverkehrt über die rechte Seite spielen. Dazu legt man Weiß zu Beginn zwischen braun und gelb und muss natürlich mit **Rechtseffet** arbeiten.

Wie bei jeder Safety ist es auch beim Anfangsball beabsichtigt, den Gegner unter Druck zu setzen und sich damit selbst Möglichkeiten zu erarbeiten. Beherrscht man den Anfangsball sicher, ist das Anstoßrecht ein taktischer Vorteil. Wer einen Frame beginnt wird ja vor Partiebeginn per Münzwurf entschieden; der Gewinner hat das Wahlrecht.

- Tipp: Intensiv den Anfangsball trainieren und dann immer den Anstoß wählen.

Endspiel auf die Farben

Ebenso ist das Endspiel auf die Farben eine Standardsituation, und wie in jeder Sportart so muss man auch im Snooker die Standards sicher beherrschen. Natürlich kann man beim Endspiel die Farben in allen möglichen Positionen auf dem Tisch vorfinden. Das in allen denkbaren Varianten hier darzustellen ist ein Ding der Unmöglichkeit. Wir beschränken uns deshalb auf die Standardsituation, in der alle Farben auf ihren Aufsetzmarken liegen. Ansonsten muss das Endspiel dementsprechend angepasst werden.

Das Endspiel auf die Farben beginnt eigentlich schon zwei Bälle vorher: Schon beim Lochen der letzten Roten muss man den Plan haben, um mit der nächsten Farbe

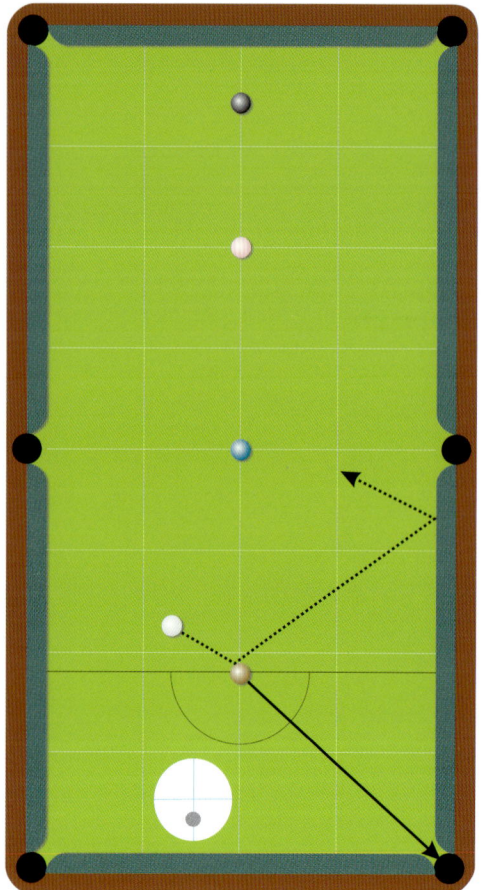

Abbildung 3.05: Endspiel auf braun

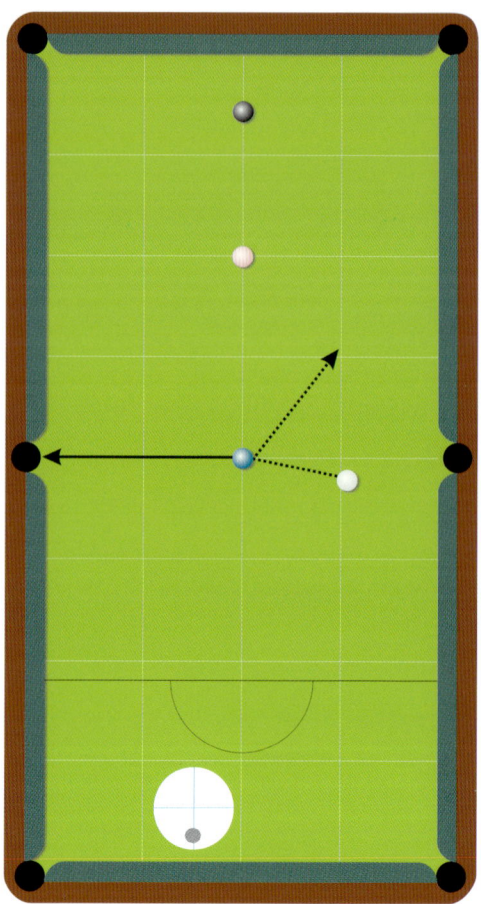

Abbildung 3.06: Endspiel auf blau

den Spielball in eine möglichst günstige Ausgangsposition für das eigentliche Endspiel zu bringen. Die Farben müssen im Endspiel ja in der aufsteigenden Reihenfolge ihrer Werte gelocht werden. Los geht es also mit gelb.

Die Position des Spielballs (Abbildung 3.03) ist natürlich eine Idealposition. Wichtig ist, dass gelb gut zu lochen ist und man anschließend auf grün stellen kann (Abbildung 3.04). Ist das Stellungsspiel exakt, kann man komplett auf den Einsatz von Effet verzichten. Die Farben werden dann wie skizziert eine nach den anderen gelocht (Abbildungen 3.05 - 3.08) – hoffentlich zum Framegewinn. Sollte man sich einmal verstellt haben, dann muss man natürlich bei der Planung des nächsten Stoßes im Auge behalten, danach wieder die ideale Ausgangsposition für die dann folgende Kugel erreicht zu haben.

> Aber Achtung: Gerade in einem knappen Frame kann man mit einem Fehler im Endspiel auf die Farben das Spiel verschenken. Deshalb müssen auch hier vor jedem Stoß die Chancen abgewägt werden. Im Zweifelsfall ist es besser, mit einer guten Safety auszusteigen als mit einem riskanten Lochversuch ins Verderben zu laufen. Das ist kein Zeichen von Schwäche, sondern von Cleverness und Spielintelligenz.

Abbildung 3.07: Endspiel auf pink

Abbildung 3.08: Endspiel auf schwarz

Snooker

Dass ein Snooker eine entscheidende taktische Situation ist, wird alleine aus der Tatsache deutlich, dass der Sport daher schließlich seinen Namen hat. Ein Snooker ist zum einen eine besonders zwingende Safety, die es einem ermöglicht, die Initiative wieder zu übernehmen, weil man den Gegner unter Druck setzt. Zum anderen kann ein Snooker auch eine Überlebensnotwendigkeit sein, wenn der eigene Rückstand größer ist als die noch auf dem Tisch liegenden Punkte. Dann nämlich braucht man ja **Zusatzpunkte**, die man nur bekommen kann, wenn der Gegner ein Foul begeht. Und das provoziert man eben am besten durch einen Snooker.

Was kann nach einem Snooker passieren? Da gibt es mehrere Möglichkeiten, die aber alle gleichermaßen wertvoll für den Spieler sein können, der seinen Gegner snookert:
- Der Gegner trifft keinen anzuspielenden Ball und man bekommt die Foulpunkte gutgeschrieben; damit kann unter Umständen ja schon die Lücke geschlossen sein und die Restpunktzahl doch noch zum Framegewinn ausreichen.
- Der Gegner trifft keinen anzuspielenden Ball und man selbst ist als Folge davon auf alle Bälle On gesnookert; dann gibt es nicht nur die Foulpunkte, sondern auch noch einen Freeball dazu – man hat also die Möglichkeit, noch mehr Punkte zu holen (es gibt zum Beispiel sozusagen, eine 16. Rote) und da-

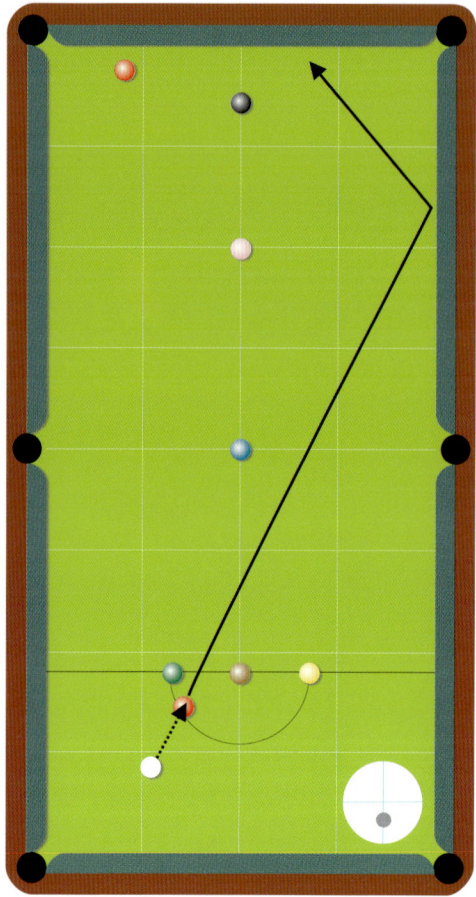
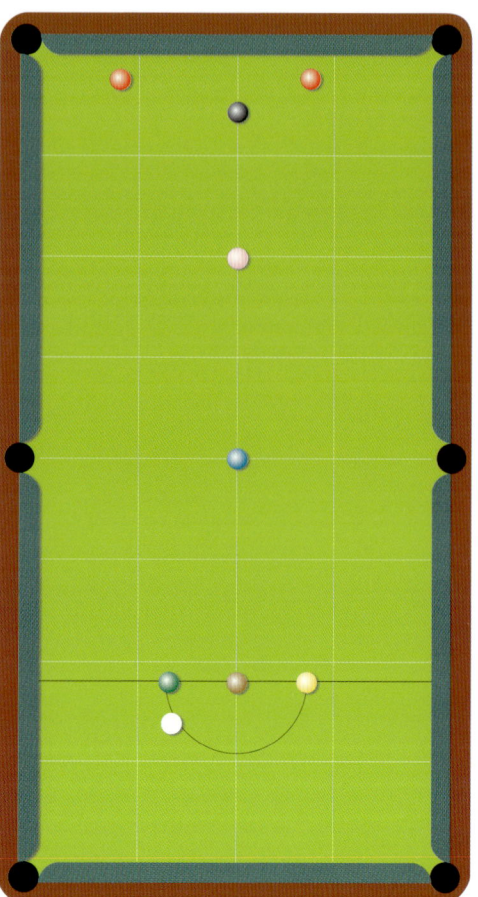

Abbildung 3.09

Abbildung 3.10

durch auch eine noch größere Punktelücke zu schließen.
- Der Gegner trifft nichts, aber mit dem Bild ist auch nichts anzufangen. Dann darf man den Foulenden ja aus der Ablage weiterspielen lassen, muss also nicht das Bild selber übernehmen. Soll der doch sehen, wie er damit fertig wird. Nicht selten verbessert sich damit die eigene Spielsituation.
- Der Gegner trifft, lässt aber eine gute Chance stehen. Braucht man noch keine Zusatzpunkte, so hat man dadurch die Initiative zurück gewonnen und findet unter Umständen eine gute Gelegenheit vor, den Tisch abzuräumen beziehungsweise die entscheidenden Punkte zu holen.

Wem das vielleicht sehr theoretisch klingt, dem mag unser Beispiel helfen (Abbildung 3.09). Rot ist da nicht in die Mitteltasche zu lochen, weil braun im Weg liegt. Eine gute Safety ist also auf jeden Fall gefragt. Nehmen wir auch zusätzlich an, dass man leider schon 45 Punkte hinten liegt. Bei zwei Roten sind ja maximal noch 43 Punkte auf dem Tisch – man braucht also Snooker.

In unserem Beispiel schickt man die Rote mit einem einfachen Stoppball in die Gegend irgendwo hinter Schwarz in die Nähe der Kopfbande – je weiter in die Mitte desto besser. In der Endposition (Abbildung 3.10) wird der Spielball dann hinter grün versteckt sein – keine der beiden Roten ist direkt anspielbar. Nun hat man gute Chancen, die notwendigen Zusatzpunkte zu bekommen – oder aber zu-

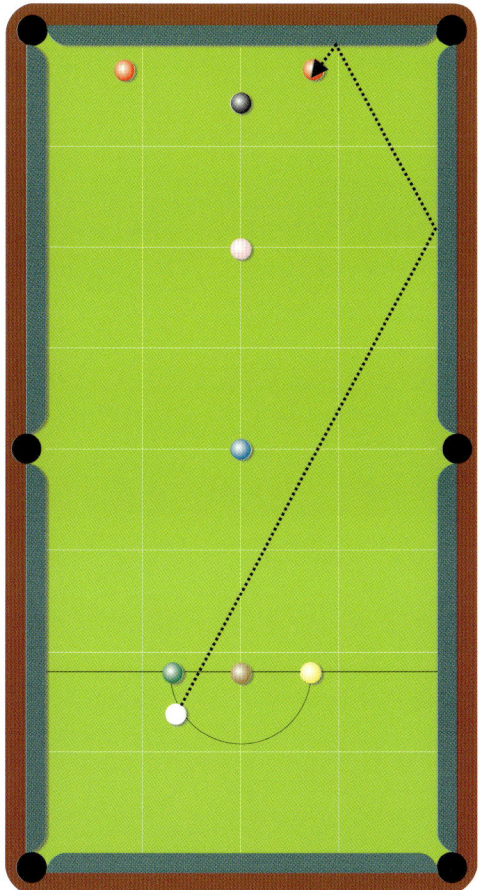

Abbildung 3.11

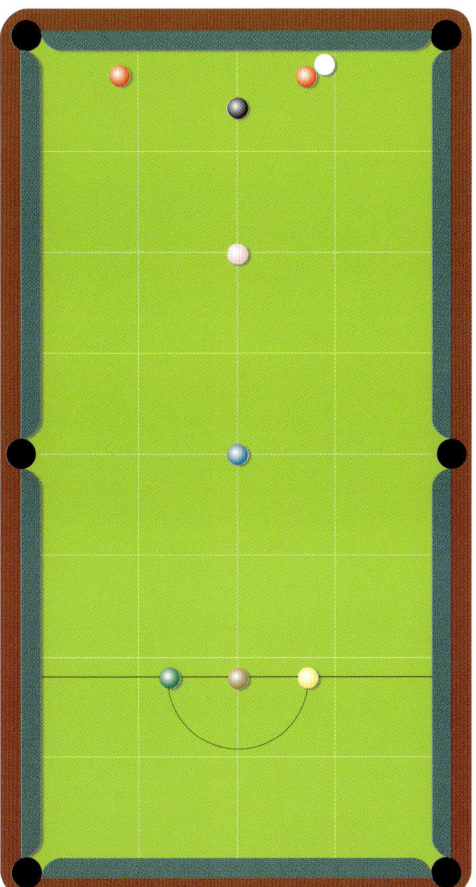

Abbildung 3.12

mindest den taktischen Vorteil, wie in der Aufzählung oben beschrieben.

Was soll aber nun der Gegner machen, um aus dem Snooker herauszukommen (siehe Abbildung 3.11). Hoffentlich hat er vorher gut zugeschaut, wie die Rote gespielt wurde. Das nämlich zeigt ihm einen möglichen Ausweg: Man spielt Weiß auf genau dem gleichen Weg. Dann nämlich vermeidet man nicht nur das Foul, sondern – falls alles richtig lief – der Gegner kann mit der Ablage auch nicht wirklich etwas anfangen (siehe Abbildung 3.12). Das Problem dabei aber ist das Tempo des Spielballes: Ist das zu gering wird man Rot nicht treffen – Foul also; ist das Tempo aber zu hoch, dann stellt man dem Gegner die andere Rote als »Elfmeter« und leichten Einsteiger.

Bedeutung von Winkeln

Das Geheimnis des erfolgreichen Snookerspiels ist das Positionsspiel – wo der Spielball liegen bleibt ist meist sogar wichtiger als der Locherfolg. Stimmt das Positionsspiel, dann ergibt sich das Versenken des nächsten Balles beinahe automatisch.

Das Positionsspiel aber ist ohne Winkel kaum denkbar. Muss man nämlich den nächsten Ball gerade lochen, so kann sich die Weiße auch nur auf dieser Linie bewegen – der Großteil des Tisches also kommt als Ablage für die Weiße gar nicht mehr in Frage. Ist der Ball dagegen nicht gerade, sondern mit Winkel zu spielen, hat man viel mehr Möglichkeiten, den Spielball in verschiedenste Positionen auf dem Tisch zu bringen.

Einer der Superstars der Snooker-Szene: Ronnie O'Sullivan

Dazu muss man sich allerdings auch ein bisschen mit Physik beschäftigen. Beim Stoß sind zwei physikalische Bedingungen fest, will man am Tisch bleiben: Der Treffpunkt für den Objektball und das Tempo, das der Objektball benötigt. Der soll schließlich in eine Tasche fallen. Dabei aber bleiben noch immer genügend Varianten für den Spielball, um dessen Ruheposition nach dem Stoß zu beeinflussen.

Es ist gerade die Kunst der Top-Spieler, die so genannten natürlichen Winkel so zu

Bedeutung von Winkeln 69

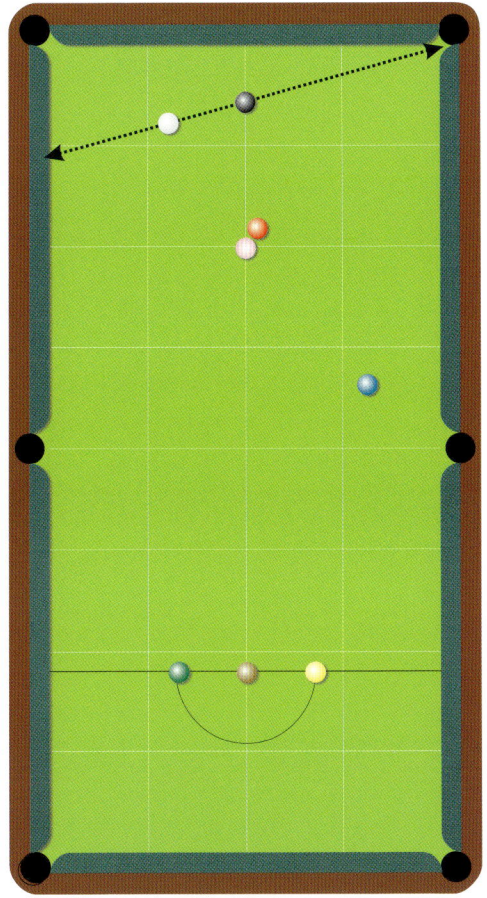

Abbildung 3.13: Die Tücke des geraden Spiels

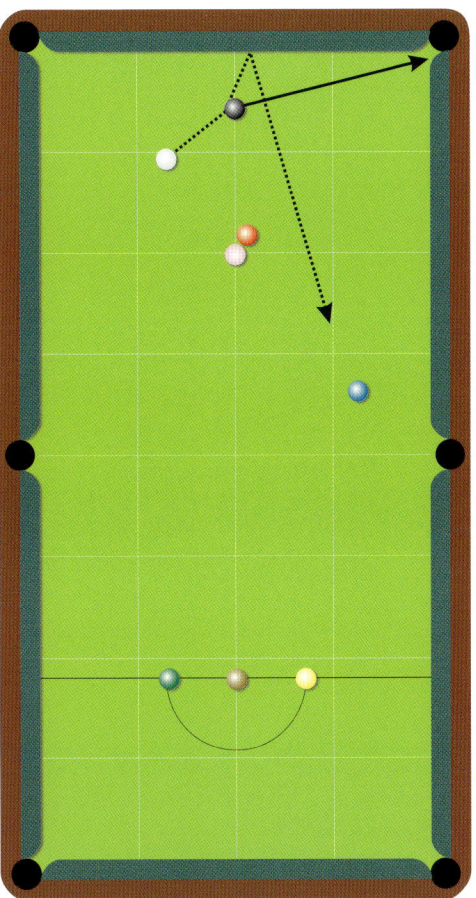

Abbildung 3.14: Mehr Chancen mit Winkeln

nutzen, dass das Spiel kinderleicht und selbstverständlich wirkt.

Unser Beispiel (Abbildung 3.13) zeigt, wie es nicht sein sollte: Schwarz muss gerade gelocht werden. Dadurch kann die Schlussposition des Spielballes nur auf der gestrichelten Linie liegen. Dort aber gibt es keine Stelle, von der aus die nächste Rote gut zu lochen wäre. Anders aber sieht es aus, wenn das Beispiel leicht abgewandelt wird und Schwarz nicht mehr gerade liegt (Abbildung 3.14). Nun hat man einen Winkel – sogar den natürlichen, der den Spielball nach dem Lochen von schwarz beinahe automatisch dahin bringt, von wo die letzte Rote problemlos in die Ecktasche oben links gespielt werden kann (und im Übrigen auch gut eine Fortsetzung des Breaks möglich wird).

Tipp: Überlegen Sie sich doch einfach vor dem Stoß, wo Sie die Weiße mit der Hand hinlegen würden (wenn es denn erlaubt wäre), um das Spiel gut fortsetzen zu können. Die nächste Frage ist: Erlaubt die Physik, den Spielball dorthin zu bringen. Wenn ja steht einer Fortsetzung des Breaks nichts im Wege.

Betrachten Sie einfach den Spielball als Ihren Freund und überlegen Sie sich, was er gerne machen würde – dann wird er auch freundlich zu Ihnen sein.

Gerade Anfänger haben oft Angst, Objektbälle mit Winkel zu lochen. Machen Sie sich davon frei. Erst der Winkel erlaubt Positionsspiel, und erst mit gutem Positionsspiel wird man Erfolg haben.

Safetyspiel

Ist man am Tisch, hat man grundsätzlich zwei Möglichkeiten: Entweder man kann einen Ball lochen oder eben nicht. Wenn nicht, dann muss man sowieso safe spielen. Kann man einen Ball lochen, muss man sich fragen: Ist die Chance für den Locherfolg groß genug? Und bietet sich einem danach auch eine Erfolg versprechende Fortsetzung? Wenn man auch nur bei einer dieser Fragen Zweifel hat, dann ist in der Regel eine Safety die bessere Option. Snooker ist eben kein reines Lochspiel, sondern ein taktisches Spiel.

> *Gerade als Anfänger sollte man den Fehler vermeiden, jeden Ball angreifen zu wollen. Es ist wichtig zu begreifen, dass Safetyspiel eben keine defensive oder gar destruktive Taktik darstellt, sondern Bestandteil des Offensivspiels ist. Denn dadurch versucht man ja gerade, sich eine gute Chance zu erarbeiten – genau das ist der Charakter der Offensive im Sport.*

Statt eine lange Rote anzugreifen, die sowieso nur einen einzigen Punkt bringt und außerdem nur sehr vage Erfolgschancen bietet, ist es doch viel cleverer, den Gegner mit einer guten Safety unter Druck zu setzen. Dann nämlich bleibt ja vielleicht die kurze Rote liegen, die den Einstieg in eine Serie von Punkten bedeuten kann. Dass sich bei den Top-Profis die lange Rote zu einem solch wichtigen Einstiegsball entwickelt hat ist kein Gegensatz dazu. Denn das hat auch dazu geführt, dass sich auf dieser Ebene auch das Safetyspiel entscheidend verbessert hat. Außerdem sollte man als Anfänger oder leicht Fortgeschrittener durchaus anerkennen, dass die Profis, die man im Fernsehen beobachtet, eben doch noch einiges mehr können als man selbst. Deren Spiel also kann nur in Grenzen Vorbild für die eigene taktische Ausrichtung sein.

Im Beispiel (Abbildung 3.15) könnte zwar die Rote oben links gelocht werden, aber was

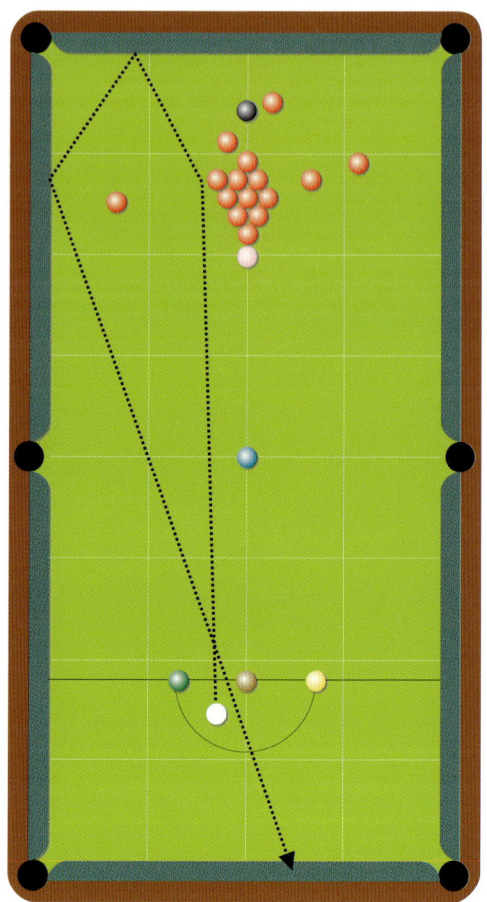

Abbildung 3.15: Gute Safety zu Spielbeginn

dann: Schwarz und Pink sind blockiert – beim Spiel auf eine Farbe wäre man selbst bei Locherfolg in der Bredouille. Dagegen bietet die große Lücke zwischen dem roten Pulk und der, die zu lochen keinen Vorteil bringt, eine bessere Alternative. Spielt man den Pulk dünn hinten an, dann kommt der Spielball über zwei Banden wieder zurück an die Fußbande – bestenfalls hinter den kleinen Farben. Lochen kann der Gegner da ohne großes Risiko nichts, und selbst eine Safety ist schwer zu realisieren. Die Chancen also sind groß, dass man nach dem nächsten Stoß einen besseren Einstiegsball vorfindet.

Voller Tisch beim Safety-Spiel: Ricky Walden auf der Suche nach einer sicheren Ablage

Shot to nothing

In diesem Kapitel wollen wir uns mit dem »Shot to nothing« befassen. Um dies zu tun, müssen wir vorher kurz über Wahrscheinlichkeiten nachdenken – die Wahrscheinlichkeit, Bälle zu lochen.

Wenn wir uns die Situation (Abbildung 3.16) anschauen, sehen wir ein Bild, wie es häufig nach dem Anstoß vorliegt. Der Spielball ist beim Anstoß in den Baulkbereich zurückgelaufen, die Roten haben sich nur wenig geöffnet, die Rote links vom Pulk ist lochbar. Nun kommt die Wahrscheinlichkeit ins Spiel: Wie oft von zehn Versuchen werden wir diese Rote lochen? Neunmal, sechs, vier – oder doch eher noch seltener? Bei vier erfolgreichen Lochversuchen heißt das im Umkehrschluss, dass sechs Mal der Gegner danach am Tisch ist. Außerdem muss man es ja auch noch schaffen, auf Schwarz zu stellen. Aber: In 60 Prozent der Fälle kommt der Gegner mit einer leichten Roten als Einstieg an den Tisch – keine verlockenden Aussichten.

Heißt dies im Umkehrschluss, man sollte auf den Potversuch verzichten und direkt eine Sicherheit spielen? Hört sich clever an, geht aber noch besser.

Abbildung 3.16: Chance für den Gegner eröffnet

- *Genau hier kommt der Shot to nothing zum Tragen. Shot to nothing heißt, einen Potversuch mit Sicherheitsoption zu unternehmen. Quasi das »two in one« des Snookerspiels (siehe Abb. 3.17).*

In diesem Fall würden wir den Ball wie gezeigt spielen. Falls die Rote fallen sollte, haben wir die Möglichkeit eine der drei Baulkfarben (gelb, grün, braun) zu spielen, oder wir können die Weiße an eine der drei Farben »ranrollen« um eine schwer zu konternde Sicherheit zu spielen. Sollte die Rote aber nicht fallen, liegt die Weiße immer noch so, dass der Gegner kaum einen Einstiegsball hat.

Diese Variante des Potversuchens mit Sicherheitsoption kann in jeder Phase des Spiels gespielt werden. Sie ist immer dann anzuraten, wenn der Pot nicht mit hoher Wahrscheinlichkeit anzunehmen ist, und wenn es Sinn macht eine Stellung zu spielen, die einem selbst von Nutzen ist (hier Möglichkeit die Farben zu spielen oder einen Snooker zu legen), aber dem Gegner kaum Nutzen bietet und Druck auf ihn ausübt. Er muss dann ja schließlich mit einer guten Safety kontern.

- *Checkliste für einen möglichen Shot to nothing:*
  - *Pot sollte nicht unmöglich oder zu schwer sein (sonst lieber nur eine Sicherheit spielen), aber auch nicht zu einfach (sonst lieber auf perfekte Stellung zum Fortsetzen des Breaks konzentrieren).*

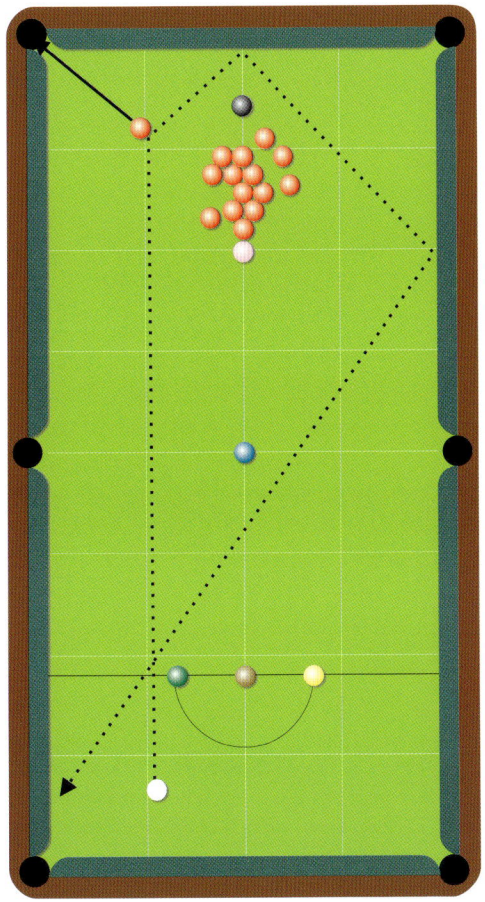

Abbildung 3.17: Angriff und gute Safety.

Abbildung 3.18: Shot to nothing

- Neben dem Potversuch muss die Wahrscheinlichkeit hoch sein, den Spielball »sicher« für den Gegner abzulegen. Der Versuch macht keinen Sinn, wenn die Weiße schwierige Wege laufen muss, weil die Gefahr zu groß ist, dem Gegner eine Stellung zu hinterlassen, wenn der Spielball unplanmäßig läuft.
- Der Shot to nothing wird meist nach dem Anstoß im Safetyaustausch gespielt mit Roten, die viel Winkel zum Loch haben. Der Spielball hat dann nämlich automatisch viel Tempo, um hinter die Baulklinie zu laufen, während die Rote eben wenig Tempo hat und so den Pulk nicht öffnen wird.

Ein weiteres gutes Beispiel für eine Shot to nothing zeigt die Abbildung 3.18: Hier können wir versuchen, den roten Ball zu versenken und der Spielball wird als Stoppball (kurz unterhalb des Zentrums gestoßen) den gezeigten Weg laufen. Somit ist ein Shot to nothing jederzeit eine gelungene taktische Variante, um ins Spiel zu kommen, aber auch bei Nichtversenken des roten Balls keinen einfachen Einstieg zu hinterlassen.

Breakbuilding

Bei aller taktischen Vielfalt des Snooker: Gewinnen kann man einen Frame nur, wenn man irgendwann auch Punkte macht. Daher kommt dem Breakbuilding natürlich große

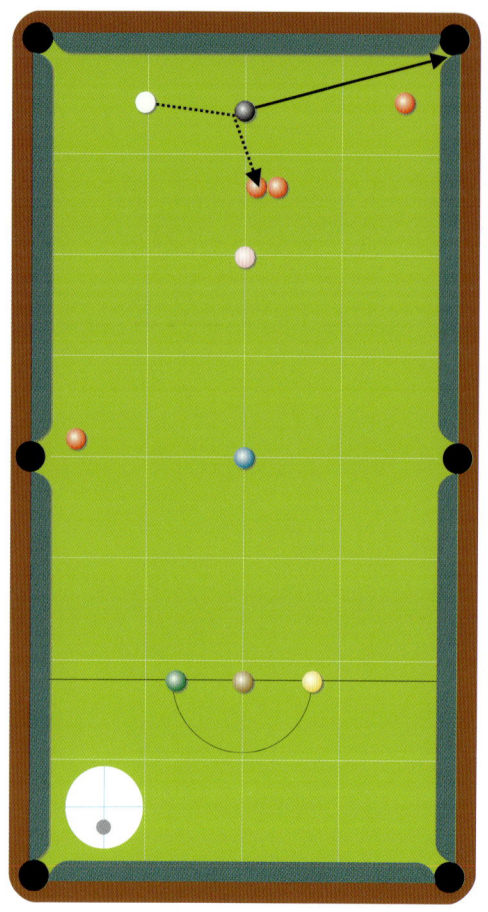

Abbildung 3.19: Split

umzusetzen. Nicht umsonst ist die Standardfrage, wenn zwei Snookerspieler sich treffen: »Was ist Dein höchstes Break?«

Konkrete Beispiele zu bringen, macht hier keinen Sinn, weil die Zahl der Möglichkeiten und Variationen unendlich groß ist (dafür aber sind viele der folgenden Übungen auch zentraler Bestandteil des Breakbuildings). Hilfreich ist es auf jeden Fall, sich die gegebenen Loch-Optionen hintereinander zu vergegenwärtigen. Dann muss man überlegen, wo man die Weiße am liebsten hinlegen würde – und dann natürlich auch schauen (weil man weiß ja eben nicht mit der Hand hinlegen darf), ob die Spielkugel da auch wirklich hinzubringen ist; die Grenzen der Physik sind nicht zu sprengen.

Je sicherer man im Breakbuilding wird, desto eher wird man mit einem weiteren Problem konfrontiert: Irgendwann liegen da keine freien Roten mehr auf dem Tisch – wie also kann es weitergehen. Die Antwort: Mit einem rechtzeitigen **Split**. Darunter versteht man, den Pulk zu öffnen und sich so Rote wieder einzeln hinzulegen, dass sie lochbar sind. Eines allerdings soll nicht verschwiegen werden:

Bedeutung zu. Gemeint ist damit, auf planvolle Weise eine Serie von Punkten zu erzielen.

Das Positionsspiel hat hier ja schon oft (und zwangsläufig) eine große Rolle gespielt. Beim Breakbuilding ist es das A und O. Man darf eben nicht nur bis zum nächsten Ball denken. Selbst bis zum übernächsten zu denken, ist zu kurz gegriffen. Ein gutes, konstruiertes Break will geplant sein. Dabei muss man von zwei Punkten ausgehen: Welche Optionen hat man, Bälle zu lochen, und wie kann man den Spielball als Freund behandeln (wie oben schon beschrieben) und auf sichere Art und Weise dazu in die richtige Position bringen. Breakbuilding erfordert Spielintelligenz und Erfahrung, gepaart natürlich mit dem technischen Können, um das Geplante auch

> *Gerade bei einem Split mit hohem Tempo, wenn noch viele Rote im Pulk liegen, sind gute Beziehungen zu Glücksgöttin Fortuna äußerst hilfreich. Denn ob nachher wirklich etwas Vernünftiges liegen bleibt, das kann man allenfalls erahnen. Sicher aber ist das anhand der vielfältigen Wechselreaktionen nicht – wie auch bei den Top-Profis im Fernsehen nur allzu oft zu beobachten ist.*

Ein Beispiel aber für einen schönen planvollen Split, der viele Optionen eröffnet, zeigt Abbildung 3.19. Vorweg: Der Split wird in der Regel beim Spiel auf Farbe angegangen, nicht beim Spiel auf Rot. Denn danach wäre dann ja eine Farbe an der Reihe, und da es davon nicht allzu viele gibt, kann man sich leicht alle Wege und Möglichkeiten verstellen. Außerdem: Es ist immer von Vorteil, wenn man nicht bis zum letzten Moment mit dem Split wartet. Denn klappt es nicht, wird man sich unweigerlich auf seinem Stuhl wieder finden.

In unserem Beispiel muss Schwarz gespielt werden. Vor der Ecktasche oben rechts und auch vor einer Mitteltasche liegen noch spielbare Rote. Trotzdem bietet es sich hier an, die beiden Roten voneinander zu lösen. Der Winkel zu Schwarz ist da, um dieses Paar anzuspielen. Verfehlt man es oder aber stellen sich die Roten nicht gut, dann wird immer noch eine der beiden anderen spielbar sein. Klappt aber alles wie geplant und erhofft, dann ist der Tisch offen und kann theoretisch komplett abgeräumt werden.

Hohe Breaks sind seine Spezialität: der Belgier Luca Brecel

Training & Übungen

Dieses Kapitel ist ein bedeutender Teil in der Entwicklung eines Snookerspielers. Viele Spieler erzählen, sie hätten in den letzten Monaten locker fünf bis acht Stunden die Woche trainiert. Fragt man dann aber genauer nach, stellt sich meist heraus, dass die Stunden am Snookertisch aus Frames mit dem Spielpartner bestanden. Dies ist allenfalls Sparring und kein systematisches Training. Der Spieler hat auf jeden Ball nur eine Chance. Versenkt er diesen, ist der nächste an der Reihe, verschießt er ihn, ist der Gegner an der Reihe. Durch Sparring steigen weder die technischen Fähigkeiten noch die prozentuale Verbesserung des Niveaus. Sparring ist ganz ähnlich wie in anderen Sportarten eine Art Konditionstraining und kann als Leistungsüberprüfung dienen.

Vor den Erfolg haben die Götter den Schweiß gesetzt – auch für den Weltklasse-Spieler Shaun Murphy.

Erfolg ist steuerbar und gerade spezielle Übungen im Einzel- oder Paartraining dienen dazu, diesen Erfolg kontinuierlich zu erarbeiten. Die folgenden Übungen sollen helfen, ein spielerisches Fundament aufzubauen, welches zur zielgerichteten Entwicklung unerlässlich ist. Ein guter Frame ist schließlich die Konsequenz aus harter Trainingsarbeit. Die Top-Spieler stehen nicht umsonst täglich bis zu acht Stunden allein am Tisch und erarbeiten sich durch konzentriertes Einzeltraining neue Optionen für ihr Spiel.

Ein Rahmentrainingsplan, der aus Übungen mit Punktwertung besteht, macht den Fortschritt ablesbar. Diese Übungen sollten zeitweise wiederholt werden. Dann erkennt man Fehler schnell, bevor sie sich unmerklich ins Spiel einschleichen. Außerdem finden Sie im Anhang auch noch eine Tabelle zur Auswertung, die Ihnen hilft, Ihren Trainingserfolg zu kontrollieren.

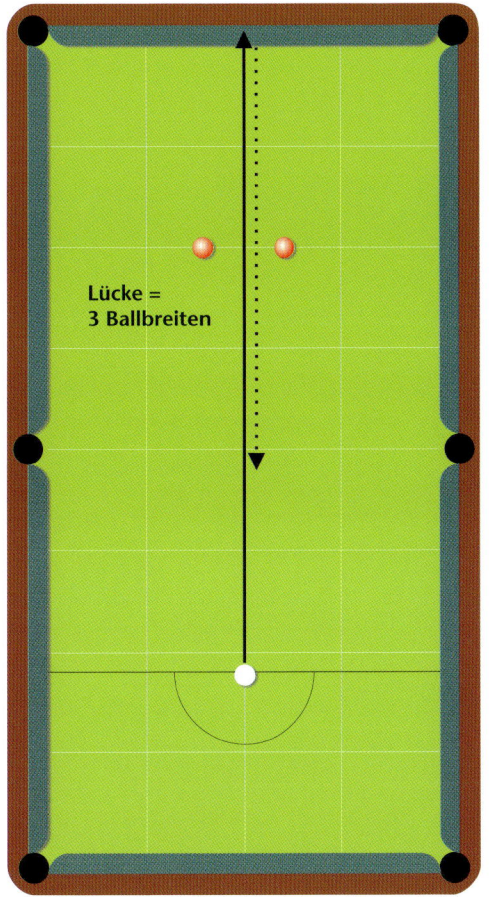

Abbildung 4.01: Speed und Geradheit

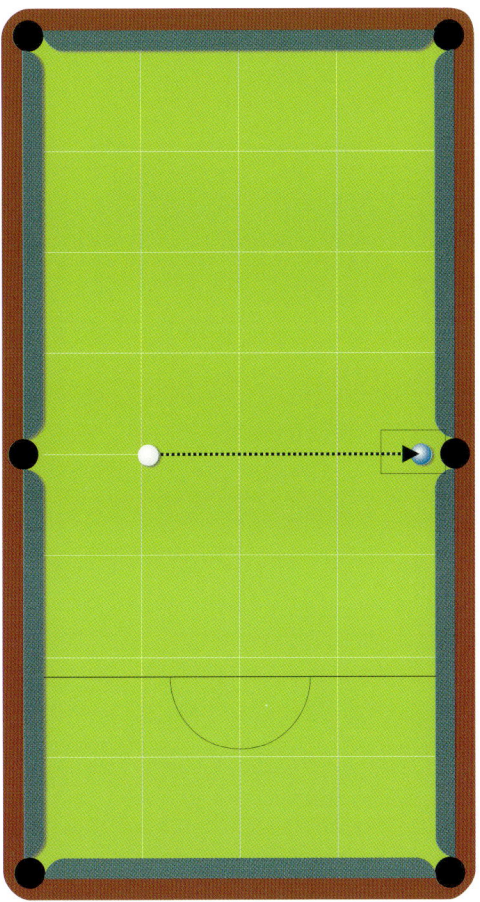

Abbildung 4.02: Geradheit

Übung 1: Speed und Geradheit

Aufstellung: Spielball auf den Spot von braun. Auf Höhe von pink werden zwei Rote mit einem Abstand von 3 Bällen zu jeder Seite aufgebaut.

Aufgabe: Spielball nun durch die Lücke zur oberen Bande spielen und durch Tempo wieder in den Bereich unter der Baulkline laufen lassen.

Wertung: Wenn keine der Roten getroffen wird und der Spielball hinter der Baulkline stehen bleibt, gibt es einen Punkt.

Übung 2: Geradheit

Aufstellung: Blau eine Ballbreite vor der Mitteltasche aufbauen. Spielball gerade dazu auf der Hälfte zwischen Mitteltasche und Blauspot aufbauen.

Aufgabe: Spielball als Stoppball mit höchstmöglichem, vertretbarem Tempo auf blau spielen.

Wertung: Liegt nach dem Stoß der Spielball innerhalb eines Radius' von einer Ballbreite um die Position des eingelochten blauen Balls ergibt dies einen Punkt.

Abbildung 4.03: Pinkspot

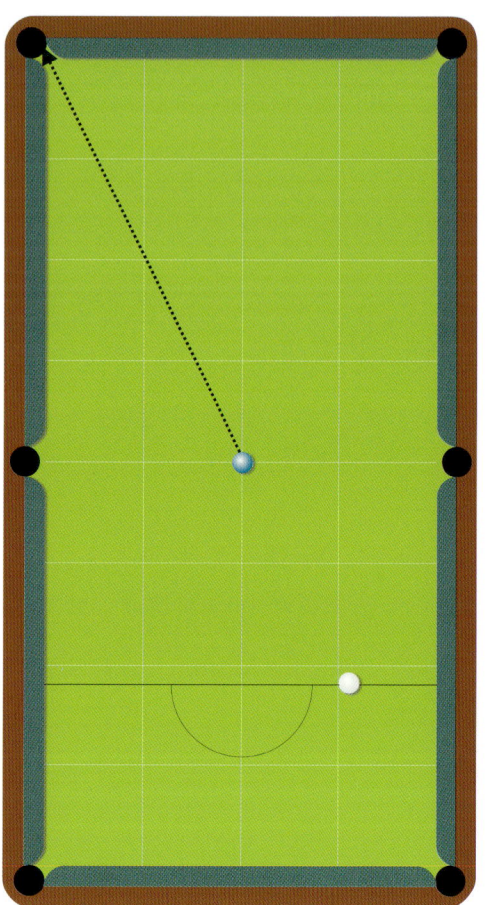

Abbildung 4.03: Blau lang

Übung 3: Pinkspot

Aufstellung: Pink auf Spot. Der Spielball auf gerader Linie dazu zwischen Mitteltasche und pink.
Aufgabe: Pink und Spielball sollen in die Ecktasche versenkt werden.
Wertung: Fallen sowohl pink als auch der Spielball in die Ecktasche ergibt dies einen Punkt. In allen anderen Fällen gibt es keine Punkte.

Übung 4: Blau lang

Aufstellung: Blau auf Spot. Der Spielball auf gerader Linie dazu zu einer oberen Ecktasche auf der Baulklinie.
Aufgabe: Blau versenken.
Wertung: Einen Punkt für das Versenken von blau.

Abbildung 4.05: Schwarz Endlos

Abbildung 4.06: Rund um Pink

Übung 5: Schwarz Endlos

Aufstellung: Schwarz auf Spot. Spielball frei wählbar.
Aufgabe: Ohne Fehler und Anfassen des Spielballs, schwarz so oft wie möglich versenken. Schwarz immer wieder auf Spot aufbauen. Bei Fehler neuer Versuch.
Wertung: Einen Punkt für jede versenkte Schwarze.

Übung 6: Rund um Pink

Aufstellung: Pink auf Spot. Spielball frei wählbar.
Aufgabe: Ohne Fehler und Anfassen des Spielballs, pink so oft wie möglich versenken (Eck- und Mitteltaschen). Pink immer wieder auf Spot aufbauen. Bei Fehler neuer Versuch.
Wertung: Einen Punkt für jede versenkte Pink.

Abbildung 4.07: Rund um Blau

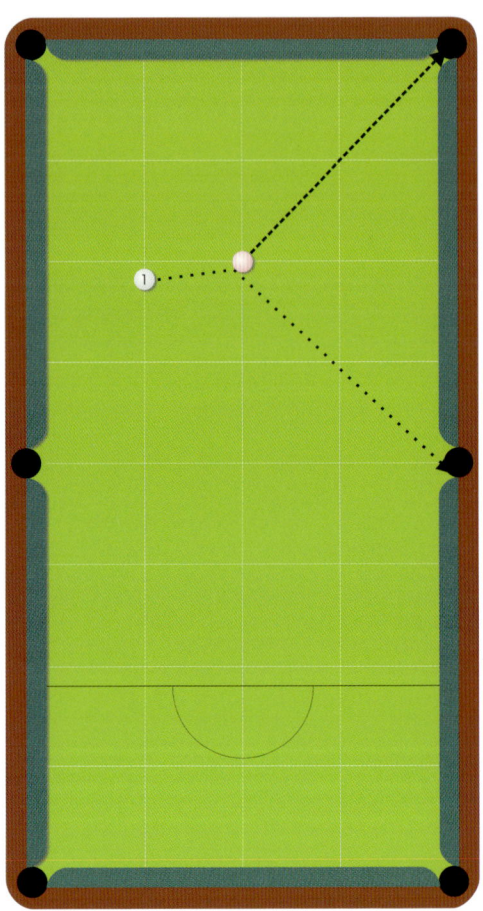
Abbildung 4.08: Abprallwinkel

Übung 7: Rund um Blau

Aufstellung: Blau auf Spot. Spielball frei wählbar.
Aufgabe: Ohne Fehler und Anfassen des Spielballes blau so oft wie möglich versenken (Eck- und Mitteltaschen). Blau immer wieder auf Spot aufbauen. Bei Fehler neuer Versuch.
Wertung: Einen Punkt für jede versenkte Blaue.

Übung 8: Abprallwinkel

Aufstellung: Pink auf Spot. Spielball frei wählbar.
Aufgabe: Pink in die Ecktasche und den Spielball in die Mitteltasche versenken.
Wertung: Ein Punkt wenn pink und Spielball fallen. In allen anderen Fällen gibt es keinen Punkt (es müssen also Spielball und pink fallen).

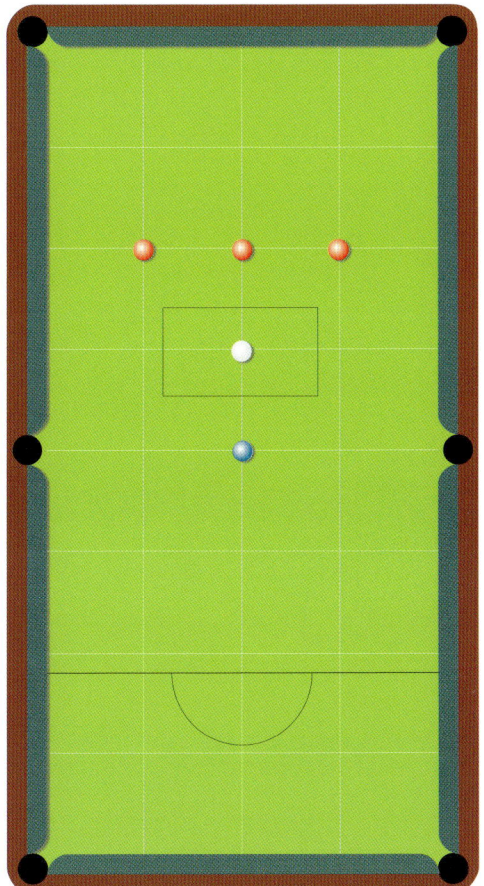

Abbildung 4.09: Rot / Blau

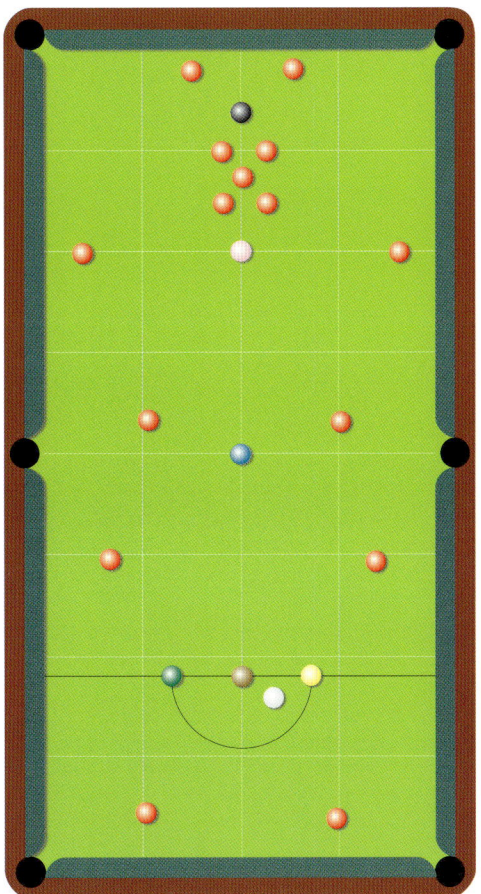

Abbildung 4.10: 15reds

Übung 9: Rot / Blau

Aufstellung: Eine Rote auf dem pink Spot aufstellen und jeweils eine andere Rote in der Mitte zwischen dem pink Spot und den langen Banden. Spielball in der markierten Zone aufsetzen.
Aufgabe: Abwechselnd rot und blau spielen. Blau kommt zurück auf den Tisch.
Wertung: Normale Zählung. Rot = 1 und Blau = 5. Pro Versuch also maximal 18 Punkte zu erzielen.

Übung 10: 15reds

Aufstellung: Rote wie gezeigt auflegen. Wichtig ist dabei, dass die Farben frei in die Taschen spielbar sind, also der Weg von Farbe zur Tasche nicht durch eine Rote blockiert wird. Spielball frei wählbar.
Aufgabe: Regelgerecht ein Break spielen.
Wertung: Wie in einem Frame (normale Zählung).

Stephen Hendry (links) und Steve Davis: zwei große Champions als TV-Moderatoren beim Masters

Fragen und Antworten

Beim Snooker geht es darum, die verschiedenen Bälle nach bestimmten Regeln jeweils in einer der sechs Taschen zu versenken.
Kommt ein Spieler an den Tisch ist immer erst einmal rot dran. Der Spieler (oder die Spielerin) muss zumindest eine der roten Kugeln als erste treffen. Damit wäre die Grundbedingung für einen korrekten Stoß erfüllt. Es gibt also keine Zusatzbedingungen (etwa, dass ein oder mehrere Bälle auch noch eine Bande anlaufen müssen oder ähnliches).
Da es beim Snooker aber um das Versenken der Kugeln geht, wird man natürlich versuchen, eine Rote nicht nur als erste zu treffen, sondern auch in eine der Taschen zu spielen. Das bringt dann einen Punkt und die gelochte Rote bleibt aus dem Spiel. Danach ist dann eine der sechs andersfarbigen Kugeln an der Reihe, wobei man sich die Farbe frei aussuchen kann.

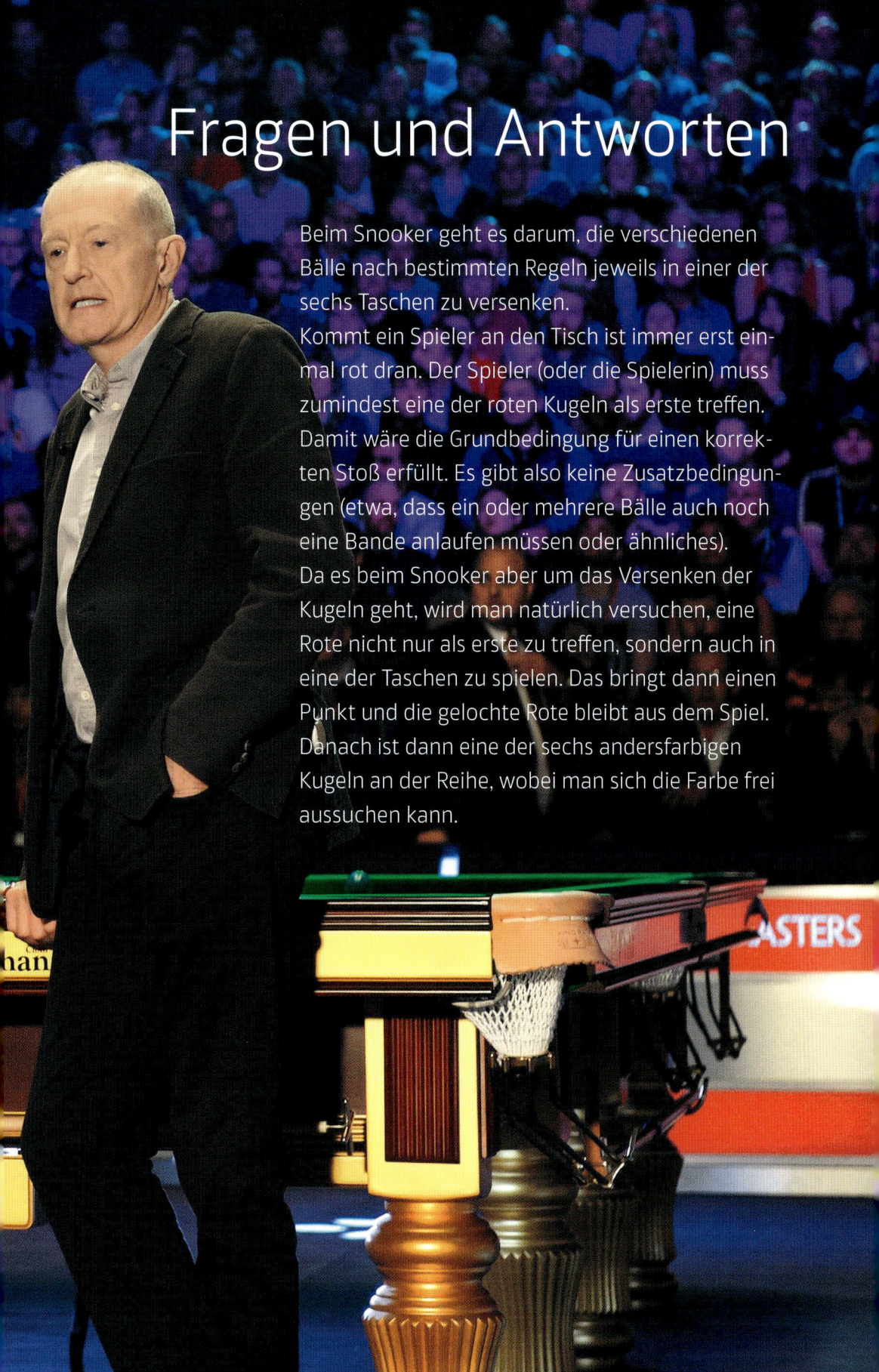

Abbildung 5.01: Punktverteilung

Für die farbigen Bälle gibt es, wenn sie gelocht werden, unterschiedliche Punktzahlen. Das beginnt bei zwei Punkten für gelb und geht bis zu sieben Punkten für den schwarzen Ball (siehe Abbildung 5.01). Im Gegensatz zu den roten Bällen werden die farbigen Kugeln zunächst nach dem Versenken immer wieder neu aufgesetzt (dazu gibt es eigens Aufsetzmarken, die auf dem Tuch eingezeichnet sind). Das Prinzip ist also ganz einfach: Es beginnt immer mit rot, und so lange Kugeln gelocht werden können geht es immer abwechselnd: rot – Farbe – rot – Farbe – rot und so weiter – bis man keinen Ball mehr lochen kann, also entweder eine Sicherheit spielt oder verschießt. Rot bringt einen Punkt, Farben zwei bis sieben Punkte, die roten bleiben in den Taschen, die Farben werden immer wieder aufgesetzt.

Das geht solange, bis die letzte rote Kugel gelocht wird. Danach darf sich der Spieler am Tisch noch ein letztes Mal eine Farbe frei aussuchen und die wird auch noch einmal wieder neu aufgesetzt (falls sie gelocht wurde). Danach beginnt dann das Endspiel auf die Farben: Nun müssen die farbigen Bälle in der aufsteigenden Reihenfolge ihrer Werte gelocht

werden – und nun bleiben die gelochten Kugeln auch vom Tisch. Ist der Tisch komplett abgeräumt wird abgerechnet: Wer die meisten Punkte hat, hat den Frame (bedeutet etwa soviel wie ein Satz oder ein Spiel) gewonnen.

Achtung: Liegt nur noch der schwarze Ball auf dem Tisch, dann ist mit der nächsten Wertung der Frame definitiv vorbei. Entweder der Spieler am Tisch locht schwarz korrekt, dann bekommt er die sieben Punkte. Oder aber der Spieler begeht ein Foul, dann be-

Kompakte Atmosphäre beim Masters im Londoner Alexandra Palace

: *kommt der Gegner die sieben Punkte.*
: *Dann ist aber definitiv Schluss. Mehre-*
: *re Fouls in Folge auf die letzte Schwar-*
: *ze sind also nicht möglich.*

Wer beginnt den Frame?

In der Regel wird vor Partiebeginn eine Münze geworfen. Der Sieger des Münzwurfes darf entscheiden, wer den ersten Frame beginnt. Ob man selber anstößt oder das dem Gegner überlässt, hängt aber auch davon ab, wie sicher man den Anfangsstoß beherrscht: Hat man den sicher im Griff und legt den Spielball sicher ab, dann setzt man dadurch natürlich schon den Gegner unter Druck.

Allerdings ist das Anstoßrecht (oder die Pflicht) auch nicht so bedeutend, denn der Anstoß wechselt immer. Wer also den ersten Frame begonnen hat, der fängt auch im dritten, im fünften und so weiter an. Der andere muss dann im zweiten Frame, im vierten, im sechsten und so weiter als erster ran.

Neben der Variante des Münzwurfes (oder eine andere Form des Losens – man kann

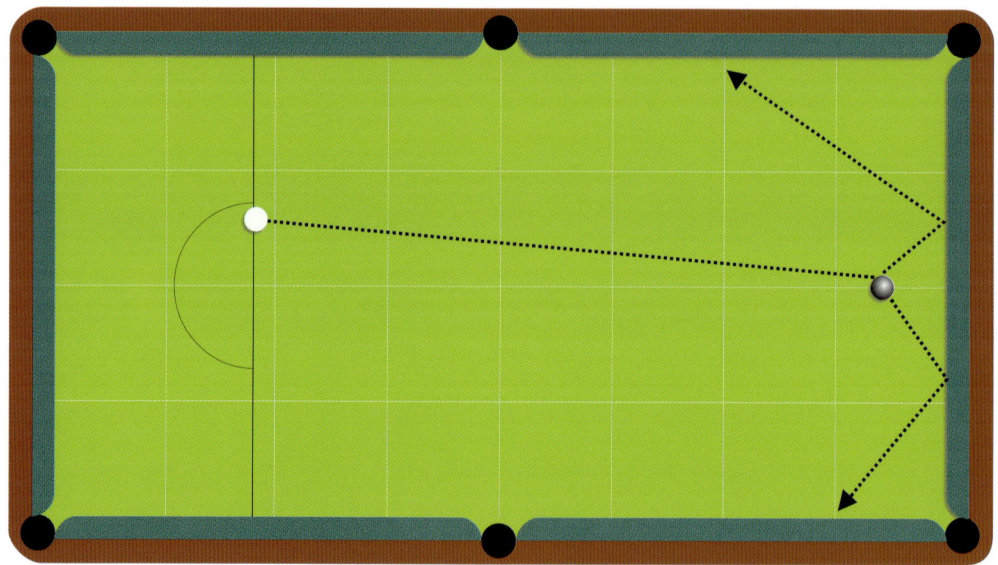

Abbildung 5.02: Spiel auf die re-spotted black

auch Streichhölzer ziehen, ist alles eine Frage der Vereinbarung) gibt es auch noch die Möglichkeit des Bandenentscheides: Beide Spieler stoßen zeitgleich eine Kugel von einer kurzen Bande auf die gegenüberliegende. Wessen Ball am Ende am nächsten an der Ausgangsbande liegen bleibt hat dann das Wahlrecht. Diese Variante ist in anderen Formen des Billardsportes häufig zu sehen, beim Snooker aber ist sie eher selten.

Was passiert bei Punktegleichheit am Ende eines Frames?

Ein Unentschieden kann es im Snooker nicht geben. Steht es also am Ende eines Frames unentschieden, dann gibt es die so genannte »re-spotted black«. Schwarz wird dann noch einmal auf dem Spot aufgesetzt und per Münzwurf wird über das Anstoß-Wahlrecht entschieden. Die erste Wertung (Foul oder korrektes Lochen) entscheidet diese Verlängerung. Der Spieler, der beginnt, hat Ball in Hand, darf also den weißen Spielball irgendwo im D platzieren (siehe Abbildung 5.02).

Beim Spiel auf die re-spotted black darf man durchaus versuchen, die schwarze Kugel mit dem ersten Stoß zu lochen. Das ist möglich und auch schon oft genug gelungen. Trotzdem machen das selbst Top-Profis nicht unbedingt. Wenn man die Ecktasche nicht trifft und schwarz im Einlauf der Tasche klappert, dann ist die Gefahr sehr groß, dass der Ball kurz vor der Tasche liegen bleibt und für den Gegner ein leichtes Opfer darstellt.

Eine sichere und heute standardmäßig gespielte Variante ist es dagegen, Schwarz an eine der langen Banden zu legen. Je näher an der Bande und je weiter weg von einer Ecktasche, desto sicherer ist die Ablage. Der Spielball sollte gleichzeitig möglichst nahe der anderen langen Bande liegen bleiben. Wenn man darauf geachtet hat, dass man kein mögliches Double hat liegen lassen, dann kann der Gegner also nichts damit anfangen. Es kommt dann zu einem Safe-Duell, dass in der Regel erst endet, wenn einer der beiden Spieler einen Safe-Fehler macht und Schwarz offen liegen lässt.

Eine andere sichere Möglichkeit besteht darin, Schwarz an die Fußbande zu legen. Dabei ist aber die Kontrolle des Tempos für den schwarzen Ball schwieriger; man riskiert also, dass die Kugel nicht direkt an der Bande liegenbleibt.

Was tun bei blockierten Aufsetzmarken?

Die farbigen Bälle müssen ja immer wieder auf den Tisch gebracht werden. Dazu gibt es die Aufsetzmarken, die auf dem Tuch eingezeichnet sind. Aber es kann natürlich durchaus passieren (und ist auch gar nicht so selten), dass ein solcher Spot von einem anderen Ball blockiert ist und die Farbe nicht an der vorgesehenen Position aufgesetzt werden kann. Dann kommt der Ball auf die höchste freie Position. Ist also der »black spot« frei, dann würde eine Farbe in diesem Fall immer dort aufgesetzt werden und so weiter.

Natürlich kann es auch passieren, dass alle Aufsetzmarken blockiert sind. Dann kommt die Kugel so nahe wie möglich an den eigenen Spot heran, aber von der Kopfbande (das ist die kurze Bande bei schwarz) aus gesehen. Man setzt die Kugel dann also auf die gedachte Linie zwischen Spot und Kopfbande. Dabei soll die Farbe so nahe wie möglich an andere Bälle herangelegt werden, ohne diese aber zu berühren.

Ist auf dieser gedachten Linie zwischen dem angestammten Spot und der Kopfbande kein Platz, um die Farbe aufzusetzen, dann wird diese gedachte Linie über den Spot hinaus verlängert und dort so nah wie möglich an den Spot herangelegt. Das kommt al-

Unglaubliche Leistung: Über mehr als vier Jahre lang hat Mark Selby ununterbrochen die Weltrangliste angeführt.

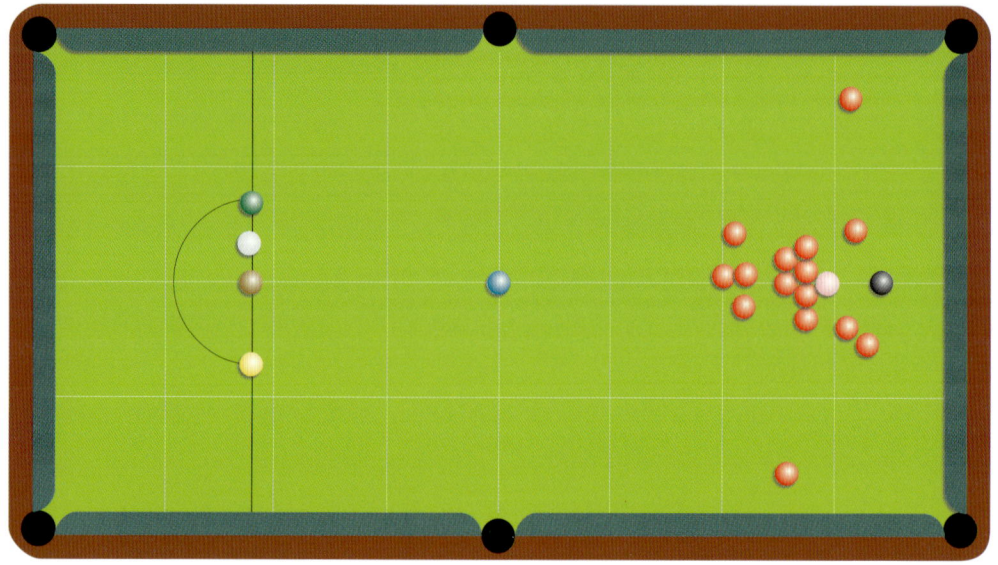

Abbildung 5.03: von roten Kugeln blockierter pink Spot

lerdings so gut wie nie zum Tragen. Trotzdem gilt: Es ist immer eindeutig definiert, wo eine Farbe aufgesetzt werden muss!

In der Praxis heißt das häufig, dass pink eigentlich bis auf wenige Millimeter zwischen blauem und pink Spot an die eigene Aufsetzmarke herangelegt werden könnte. Das ist trotzdem nicht korrekt, denn pink muss von der Kopfbande aus so nahe wie möglich an den Spot (auf der senkrechten Linie) gelegt werden – und da liegen oftmals viele Bälle zwischen, so dass pink weit vom eigenen Spot weg liegt und eventuell sogar schwarz blockiert (siehe Abbildung 5.03).

> *Um sich hier nicht selbst Schwierigkeiten zu bereiten, ist es daher auch immer wichtig, vor dem Spielen einer Farbe zu kontrollieren, wo die wieder aufgesetzt wird!*

Was passiert, wenn mehrere Bälle auf einmal gelocht werden?

Mehrere Bälle mit einem Stoß zu lochen ist nur dann erlaubt, wenn rot an der Reihe ist. Jede Rote, die in eine der Taschen fällt, zählt einen Punkt. Allerdings darf man danach nur eine Farbe spielen; dann ist wieder rot dran. Deshalb versucht man beim Snooker in der Regel auch gar nicht erst, mehrere Rote auf einmal zu versenken. Taktisch ist das ungeschickt, bringt man sich doch um die Möglichkeit, Zusatzpunkte durch Farben zu holen.

Beim Spiel auf die Farben (egal ob nach einer gelochten roten oder im Endspiel) dagegen darf nur die Farbe fallen, die an der Reihe ist. Alles andere ist ein Foul – egal, ob noch andere Farben oder rote Kugeln in einer Tasche verschwunden sind. Die einzige Ausnahme gibt es bei einem Freeball im Spiel auf die Farben (siehe bei Freeball).

Diese Regel bedeutet unter anderem auch, dass bei einem Stoß der Spielball nicht zuerst eine rote lochen darf, dann noch über den Tisch läuft, auf eine Farbe trifft und die dann auch versenkt. Das wäre ganz klar ein Foul. Nicht die zeitliche Abfolge ist entscheidend, sondern ob die Kugeln als Folge eines einzigen Stoßes gefallen sind.

> *Deshalb gilt als Faustregel: Mehrere rote bei einem Stoß ist okay, alles andere ist ein Foul.*

Was heißt »Ball in Hand«?

Ball in Hand hat der Spieler, der am Stoß ist, zu Beginn eines Frames, zu Beginn des Spiels auf die re-spotted black oder wenn der Spielball die Tischfläche verlassen hat (also in eine der Taschen gefallen ist oder vom Tisch gesprungen). Ball in Hand bedeutet, dass der Spieler dann die Spielkugel im D, dem an der Baulk Line eingezeichneten Halbkreis, aufsetzen und von dort spielen darf.

Besondere Einschränkungen gibt es dabei nicht. Es ist weder vorgeschrieben, in welcher Richtung der Spielball gestoßen werden muss noch welche Distanz er mindestens zurücklegen muss. Die Weiße darf also in alle Richtungen gespielt werden und auf jeden Objektball, der angespielt werden darf. Dieser Objektball darf durchaus auch selber im D liegen (muss aber natürlich nicht).

Was ist ein Foul?

Das Snooker-Regelwerk ist sehr knapp bei der Definition des Begriffes Foul: »Ein Foul ist jeder Verstoß gegen diese Regeln.« Da wollen wir es doch etwas konkreter machen;

Fouls zum Beispiel sind:
- *der oder die Bälle on (»Ball on« bezeichnet einen Ball, der angespielt werden darf) wird oder werden nicht oder nicht als erstes getroffen;*
- *ein Ball, der nicht on ist, fällt in eine Tasche;*
- *der Spielball wird in einer Tasche versenkt;*
- *irgendein Ball kommt außerhalb der Spielfläche zur Ruhe, verlässt also den Tisch (Spielfläche bezeichnet die Fläche zwischen den Banden);*
- *das Spielen eines anderen als des weißen Balles;*
- *das Spielen, bevor alle Bälle zur Ruhe gekommen sind (muss der Schiedsrichter Kugeln wieder neu aufsetzen,*
so gelten die erst als »zur Ruhe gekommen«, nachdem sie korrekt aufgesetzt sind);
- *das Berühren von Bällen mit der Hand (außer bei Ball in Hand – da darf die Weiße natürlich angefasst werden);*
- *das Abstoßen mit etwas anderem als der dünnen Spitze des Queues;*
- *das Berühren von Bällen mit anderen Gegenständen (Hilfsqueues, Kreide, Kleidung);*
- *Durchstoß;*
- *Sprungbälle (Jumpshots);*
- *unzulässige Kombinationen (siehe auch bei Kombinationen).*

Das sind natürlich nur einige Beispiele für Fouls. Die Regel ist ja klar: Jeder Regelverstoß ist ein Foul.

Wie geht es nach einem Foul weiter?

Nach einem Foul hat der gefoulte Spieler grundsätzlich zwei Möglichkeiten: Er kann die Situation selber übernehmen oder er kann den Gegner, der das Foul begangen hat, aus dieser Ablage weiterspielen lassen; Motto: Du hast die Suppe eingebrockt, nun löffele sie auch selber aus. Nur wenn der Schiedsrichter zusätzlich ein Miss gibt (siehe da), dann kann man den Spieler, der das Foul begangen hat, den Stoß auch noch einmal wiederholen lassen.

Was ist ein »Miss«?

Trifft ein Spieler keinen Ball on oder trifft er als ersten einen anderen, so ist dies ja ein Foul. Zusätzlich kann der Schiedsrichter noch ein Miss geben, wenn er der Meinung ist, der entsprechende Spieler habe nicht seinen Fähigkeiten entsprechend versucht, einen korrekten Stoß auszuführen. Ein Miss kann gegeben werden, solange noch kein Spieler

Snooker benötigt oder als Folge des Fouls benötigen würde. Oftmals ist Auslöser für eine Miss-Entscheidung die Tatsache, dass eine einfachere (und sicherere) Lösung auf dem Tisch liegt, die aber aus taktischen Gründen nicht gespielt wird. Ist ein Ball on auf gerader Linie irgendwo (also notfalls auch an der Seite) anspielbar, dann muss der Schiedsrichter sogar ein Miss geben, solange noch kein Spieler Snooker benötigt oder als Folge dieses Fouls Snooker benötigen würde; ist der Schiedsrichter überzeugt, dass in einer solchen Situation das Foul absichtlich begangen wurde, so muss er in jedem Fall ein Miss geben (unabhängig davon, ob schon jemand Snooker benötigt). Sinn der Miss-Regel ist es, taktische Fouls zu vermeiden.

Zusätzliche Strafpunkte oder andere Sanktionen gibt es für ein Miss nicht. Die einzige Folge ist, dass der gefoulte Spieler zusätzlich zu den beiden normalen Optionen nach einem Foul (selber übernehmen oder Gegner weiterspielen lassen) auch noch eine Wiederholung des Stoßes verlangen darf. Der Schiedsrichter muss in diesem Fall alle Bälle, die bewegt wurden, wieder zurücklegen. Natürlich ist auch ein Schiedsrichter kein Übermensch. Deshalb gilt als Übereinkunft: weiß muss, Farbe soll und rot kann zurückgelegt werden. Der Schiedsrichter muss es halt nach bestem Gewissen versuchen und soll vor allem die Hauptschwierigkeiten wiederherstellen; sind beide Spieler und der Schiedsrichter mit der Rekonstruktion zufrieden, dann gilt das als okay. Der Missetäter kann dann aber durchaus auch eine andere Lösung versuchen. Ein Limit für eine aufeinander folgende Foul und Miss-Entscheidungen gibt es nicht. Das kann solange weitergehen, bis eben einer der Spieler Snooker benötigt.

Ausnahme: Kann der Spieler einen Ball on mittig treffen (die Regel sagt, wenn ein zentraler, voller Ballkontakt möglich ist), dann muss der Schiedsrichter auf jeden Fall auch beim zweiten Foul ein Miss geben (egal, ob Snooker benötigt wird). Und passiert dem Akteur dieses Malheur ein drittes Mal in Folge, dann ist der Frame verloren. Allerdings muss der Schiedsrichter ihn nach dem zweiten Foul auf diese drohende Gefahr hinweisen!

Wie zählen Foulpunkte?

Für jedes Foul gibt es Strafpunkte, die dem Konto des Gegners gutgeschrieben werden. Einfach gesagt: Die Foulpunkte entsprechen dem höchsten Wert der in das Foul verwickelten Kugeln, mindestens aber vier.

Im Zweifel muss man sich die folgenden drei Fragen beantworten:
- *Welcher Ball (oder Bälle) war on?*
- *Welcher Ball wurde als erster getroffen?*
- *Welcher Ball (oder welche Bälle) ist gefallen?*

Davon nimmt man dann den höchsten Wert, mindestens aber vier.

Was ist ein Snooker?

Snooker ist nicht nur der Name des Sportes, sondern bezeichnet auch eine ganz entscheidende Spielsituation, die oftmals die Taktik des Spiels bestimmt. Übersetzt bedeutet Snooker etwa soviel wie missliche Lage; früher meinte »to snooker somebody« auch, jemandem eine lange Nase zu machen.

Und eine missliche Lage ist es wahrlich. Jemand ist nämlich gesnookert, wenn er keinen anspielbaren Ball in vollem Umfang anspielen kann, weil andere Bälle, die nicht gespielt werden dürfen, im Weg liegen.

Diese Definition beinhaltet nun mehrere Einschränkungen. Um nicht gesnookert zu sein, muss man eine Kugel in vollem Umfang anspielen können, das heißt auch äußerst rechts und äußerst links. Es muss also prak-

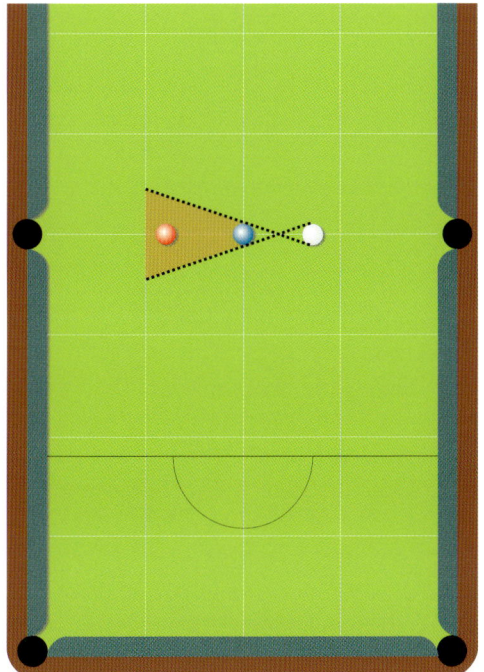 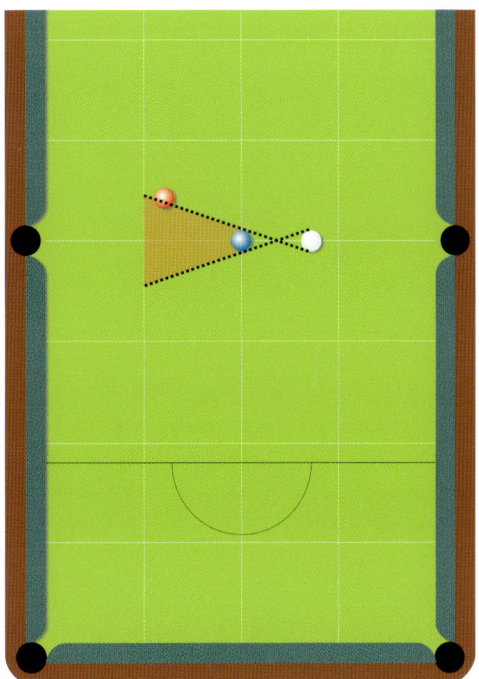

Abbildung 5.04: Der rote Ball ist on, muss also gespielt werden – in beiden Fällen liegt Snooker vor.

tisch ein Korridor frei sein, der rechts und links vom Objektball eine Ballbreite Platz lässt. In Abbildung 5.04 ist der Spieler also in beiden Fällen auf Rot gesnookert, obwohl er im rechten Beispiel ja einen Teil des Balles noch direkt anspielen kann. Mehr noch: Selbst wenn der rote Ball noch höher und nicht mehr in der farblich gekennzeichneten Fläche liegen würde, wäre man gesnookert. Schließlich muss man ihn auch noch an der am weitesten links liegenden erreichbaren Stelle (vom Spielball aus gesehen) anspielen können. Deshalb sieht man es öfter, dass Schiedsrichter neben den Ball, den sie überprüfen wollen, einen »Hilfsball« legen. Können sie diesen Hilfsball dann vom Spielball aus voll sehen, dann liegt kein Snooker vor – aber eben nur dann.

Überdies besagt die Definition, dass nur ein Ball, der nicht angespielt werden darf, einen Snooker verursachen kann. Wenn zum Beispiel rot gespielt werden muss, dann können nur farbige Kugeln einen Snooker verursachen, aber keine andere rote. Sonst zum Beispiel wäre man ja beim Anfangsball gesnookert, weil man keine rote in vollem Umfang anspielen kann. Aber rot snookert eben nicht auf rot. Ebenso wenig kann ein Teil des Tisches, zum Beispiel der Einlauf einer Tasche, einen Snooker im Sinne der Regeln verursachen.

Die spitzfindige Definition, was nun genau ein Snooker im Sinne des Reglements ist, mag akademisch erscheinen. Wenn der Weg blockiert ist, dann ist er blockiert, und man hat den Salat. Da aber die Frage gesnookert oder nicht bei einigen Regeln von großer Bedeutung ist (zum Beispiel bei Freeball), ist diese Unterscheidung notwendig.

Wie errechnet sich die Restpunktzahl?

Wenn man beginnt, sich mit Snooker zu beschäftigen, dann erscheint es oft verwunderlich, wie Spieler und Beobachter auf Anhieb sagen können, wie viele Punkte noch mit den auf dem Tisch befindlichen Bällen zu holen sind. Das ist aber keine Geheimwissenschaft, und man muss auch kein Mathe-Genie sein. Die Restpunktzahl errechnet sich ganz einfach, und ein bisschen kleines Einmaleins reicht dafür aus.

Zu jedem roten, den man locht, kann man ja maximal schwarz anschließend lochen – also eins plus sieben gleich acht Punkte. Pro rote Kugel, die auf dem Tisch liegt, sind also höchstens acht Punkte drin. Im Endspiel auf die Farben kann man noch einmal 27 Punkte abräumen (2+3+4+5+6+7=27). Die Restpunktzahl errechnet sich also ganz einfach: Anzahl der Roten mal acht plus 27 (für Mathe-Freaks: n x 8 + 27, wobei n die Zahl der Roten bezeichnet). Ein Beispiel: Liegen noch zwei Rote auf dem Tisch, dann kann man höchstens 43 Punkte holen (8+8+27=43).

Für diejenigen, die es ganz genau nehmen (und das ist beim Snooker oft genug notwendig): So errechnet man natürlich nur, wie viel Punkte man durch simples und korrektes Lochen von Kugeln maximal noch holen kann. Selbstverständlich kann man sein Konto durch Fouls des Gegners noch aufbessern (siehe auch »Was bedeutet, jemand braucht Snooker«).

Tipp: Fällt einem als Anfänger das Ausrechnen der Restpunktzahl noch schwer, dann kann man sich durchaus eine Liste machen und neben den Tisch legen. Schließlich ist es wichtig, den Spielstand im Auge zu behalten. Wird man dann allerdings so langsam zum alten Hasen (oder alten Häsin), dann gilt das doch eher als verpönt.

Was bedeutet, jemand braucht Snooker?

Durch das Versenken der Bälle, die noch auf dem Tisch liegen, kann man ja nur maximal eine bestimmte Höchstzahl an Punkten holen (siehe »wie errechnet sich die Restpunktzahl«). Was also soll man machen, wenn der eigene Rückstand schon größer ist als die noch zu verteilende Punktzahl? Dann braucht man Zusatzpunkte, und die kann man nur durch Fouls des Gegners bekommen. Da der nicht freiwillig Foul spielt, will man ihm halt das Leben so schwer wie möglich machen, um ihn in Fouls zu treiben. Und das macht man am besten, indem man ihn snookert. Korrekt müsste es also heißen, jemand benötigt gegnerische Foulpunkte.

Beispiel: Man liegt schon mit 36 Punkten Rückstand hinten, aber auf dem Tisch ist nur noch eine rote. Selbst wenn man dann rot plus schwarz plus alle Farben im Endspiel locht, muss man beim Blick auf die Anzeigetafel erschreckt feststellen, dass man den Frame um einen Punkt verloren hat – dumm gelaufen; mit einer Roten sind eben nur 35 Punkte drin. Anders sieht es aus, wenn der Gegner dann ein Foul begeht. Dafür gibt es ja mindestens vier Punkte, der Rückstand verringert sich also auf 32 Zähler. Und plötzlich kann man den Frame wieder aus eigener Kraft gewinnen.

Wenn ein Spieler Snooker benötigt, dann erlebt man häufig, dass er versucht, den Gegner beim Spiel auf die letzte Rote zu snookern – vor allem, wenn die Lücke zwischen Rückstand und Restpunktzahl schon größer ist. Das hat zwei Vorteile. Erstens: Wenn noch alle Farben auf dem Tisch liegen, dann hat man ganz einfach mehr Möglichkeiten, die rote Kugel und den Spielball zu verstecken. Zweitens: Begeht der Gegner ein Foul und man ist dadurch auf die letzte Rote gesnookert, dann bekommt man einen Freeball (siehe da). Man hat also praktisch eine Rote mehr, und dadurch auch die Chance, noch einmal maximal acht Punkte zusätzlich herauszuholen.

Was ist ein Break?

Als Break bezeichnet man im Snooker eine Serie von Punkten durch ununterbrochenes, korrektes Lochen von Bällen. Kommt man an

Er beherrscht das Spiel mit den Winkeln wie kaum ein anderer: »Angles« Alan MacManus

den Tisch, beginnt das Break also sozusagen bei null. Verlässt man den Tisch wird abgerechnet – die Zahl der Punkte, die man da geholt hat, ist das Break.

Man darf also das Break nicht mit dem Gesamt-Punktestand im Frame verwechseln. Man hat ja vorher vielleicht auch schon Punkte auf dem Konto gehabt. Außerdem zählen zum Break nur die Punkte, die man selbst durch das Lochen von Kugeln erzielt. Eventuell unmittelbar zuvor vom Gegner geschenkte Foulpunkte zählen also für den Gesamtstand, aber nicht für das Break.

Für ein Break kann man sich also eigentlich nichts kaufen. Für ein hohes oder gar sehr hohes Break gibt es keine Belohnung und keine Bonuspunkte. Es entscheidet immer nur der Gesamt-Punktestand. Aber mit dem Break ist man vielleicht dem Erfolg im Frame schon ein gutes Stück näher gekommen. Außerdem: Solange man selber am Tisch steht und Punkte macht, kann der Gegner rein gar nichts tun.

Die Höhe des Breaks gilt in Snookerkreisen auch immer als Beleg für die spielerischen Fähigkeiten. Deshalb werden sich zwei Snookerspieler immer als erstes fragen: »Und wie ist Dein höchstes Break?«

Was bedeutet Maximum Break?

Ein Maximum Break ist der Traum aller Snookerspieler – und für die meisten wird es ein Traum bleiben. Maximum Break bezeichnet nämlich das optimale, das höchstmögliche

Break bei regulärem Spielverlauf: Ein Spieler locht alle 15 roten Kugeln, dazu jeweils den schwarzen Ball und dann auch noch alle Kugeln im Endspiel auf die Farben – und das alles in einem Rutsch ohne Fehler und Spielerwechsel zwischendurch. 147 Punkte sind das in einem Break (15x8+27). Dieses Maximum Break, die optimale Serie, ist immer noch eine seltene Angelegenheit und sorgt für Schlagzeilen.

Snooker-Füchse können jetzt einwenden, dass ja durchaus ein höheres Break möglich ist. Nämlich dann, wenn der Gegner ein Foul begeht, solange noch alle Kugeln auf dem Tisch liegen, und man durch dieses Foul auf alle roten Bälle gesnookert ist. Dann erhält man einen Freeball (siehe da) und hat dadurch sozusagen 16 rote zur Verfügung (deshalb nennt man das im Snooker-Fachenglisch auch »16 reds clearance«). Mit 16 roten sind natürlich acht Punkte mehr möglich, also 155 (das ist dann auch wirklich theoretisch das höchstmögliche Break).

Der erste Spieler, dem auf diese Weise ein Break von mehr als 147 Punkten gelang, war der Engländer Jamie Burnett, der im Oktober 2004 in der Qualifikation zur UK Championship eine Serie von 148 Zählern schaffte (er hat nicht immer schwarz gelocht).

Obwohl Burnett damit Snooker-Historie geschrieben hat gilt seine Glanzleistung nicht als Maximum Break. Eine 155 mit Freeball allerdings würde mittlerweile als Maximum Break anerkannt werden. Das war nicht immer so der Fall, aber eigentlich ist es unlo-

Wie alles begann – kurze Geschichte des Snooker

Langeweile herrschte im April 1875 im indischen Jubbulpore. Der Monsunregen strömte vom Himmel und zwang die britische Kolonialarmee in ihre Quartiere. Im Offizierskasino des Devonshire Regiments schlugen einige junge Leute die Zeit tot. Einer von ihnen war Neville Chamberlain, der auf dem Billardtisch begann, mit einigen Bällen zu experimentieren. English Billiards, Black Pool und Pyramidenbillard waren die beliebtesten Disziplinen. Die Legende sagt, es sei am 17. April 1875 passiert: Bei einer Partie Black Pool habe der Gegner von Neville Chamberlain (der später geadelt wurde – aber das hatte nichts mit Snooker zu tun) den Spielball so vertrackt abgelegt, dass Chamberlain keinen korrekten Stoß habe spielen können. Der war gar nicht begeistert und hat geschimpft: »You are a real snooker!« Snooker war eine abfällige Bemerkung für Kadetten, also die Offiziersanwärter.

Nachdem sich der Ärger von Neville Chamberlain gelegt hatte, probierte er aber erst so richtig los. Die Idee erschien ihm gar nicht so schlecht, und als er schließlich mit 15 roten Bällen und je einem gelben, grünen, pinkfarbenen und schwarzen Ball spielte (natürlich gab es auch damals schon die weiße Spielkugel), da war die Ur-Form dieses Sportes gefunden. Und den Namen lieferte die Episode gleich mit: Snooker.
Ein paar Jahre später ergänzte Neville Chamberlain das Spiel um eine braune und eine blaue Kugel – Snooker in seiner noch heute betriebenen Form war geboren. In den achtziger Jahren des 19. Jahrhunderts brachte Neville Chamberlain das Spiel heim ins Mutterland England und versuchte, seine Idee auch dort populär zu machen. Als John Roberts, damals ein Star in Sachen English Billiards, vom Snooker-Fieber infiziert worden war und 1885 sogar nach In-

gisch, das nicht als Maximum zu akzeptieren. Allerdings ist diese Diskussion theoretisch, denn das ist ja noch niemandem in einem offiziellen Match gelungen. Wie dem auch sei: Nur wenn man zu jeder Roten und gegebenenfalls auch zum Freeball Schwarz locht und so 147 oder 155 Punkte erzielt ist es ein Maximum-Break. Alles andere ist zwar auch eine klasse Leistung, aber eben kein Maximum.

Was gilt als Durchstoß?

Als Durchstoß bezeichnet man es, wenn die Queuespitze noch mit dem Spielball in Kontakt ist, wenn der auf eine andere Kugel trifft, oder wenn die Queue-Spitze ein zweites Mal mit dem Spielball in Kontakt kommt. Das ist beim Snooker – wie bei allen anderen Billard-Disziplinen auch – verboten und wird als Foul geahndet. Es gibt also die üblichen Strafpunkte.

Was passiert, wenn der Spielball press an einer anderen Kugel liegt (touching ball)?

Manchmal passiert es, dass der Spielball mit einer anderen Kugel press liegt, das heißt, die Weiße bleibt so liegen, dass sie eine andere Kugel berührt. Dann gilt auf jeden Fall: Von dieser press liegenden Kugel muss weggespielt werden, und zwar so, dass sie sich nicht bewegt.

Ist diese press liegende Kugel on oder könnte sie on sein, so spricht man von »touching ball«. In diesem Fall gilt die eherne Regel, dass ein Ball on als erster von der Weißen getroffen werden muss, eben nicht; diese Regel ist in diesem Fall also aufgehoben – und

dien reiste, um das neue Spiel dort zu lernen, war der Durchbruch geschafft. Seitdem ist der Sport bis auf Kleinigkeiten unverändert geblieben. Joe Davis, 1927 der erste Weltmeister und ungeschlagener Titelträger bis er sich 1946 aus dem Turniersport zurückzog, hat Mitte des 20. Jahrhunderts versucht, Snooker mit noch mehr Bällen anzureichern. Er fügte mit orange und violett zwei weitere Farben im Wert von acht und zehn Punkten hinzu. Diese Variante – genannt Snooker plus – hat sich aber nie durchsetzen können.

Dennis Taylor mit einem Trickshot der besonderen Art

zwar unabhängig davon, ob es beim Spiel auf rot oder auf eine Farbe auftritt. Es braucht also kein Ball mehr getroffen werden. Das schafft unter Umständen taktische Vorteile beim Sicherheitsspiel: »Touching ball« beim Spiel auf rot ermöglicht oft genug eine leichtere Ablage des Spielballes, weil man sich ja nicht mehr um das Treffen eines Objektballes kümmern muss. Auf der anderen Seite gilt es auch nicht als Foul, wenn noch ein anderer Ball getroffen wird, denn die Bedingung »Ball on als ersten treffen« ist ja in diesem Fall aufgehoben. Nur darf selbstverständlich kein Ball, der nicht on ist, in eine Tasche fallen. Bei »touching ball« im Spiel auf rot darf aber durchaus auch eine Rote fallen; die zählt dann ganz normal. Nur muss zuvor von der press liegenden Roten weggespielt worden sein.

Hat man gerade eine Rote gelocht, darf sich also eine Farbe aussuchen, und der Spielball bleibt press mit einer Farbe liegen, dann hat man zwei Möglichkeiten: Man kann die press liegende Farbe nominieren. Dann ist die Situation »touching ball« eingetreten, man muss nur von dieser Farbe wegspielen und ob noch ein anderer Ball getroffen wird oder

> **Maße und Gewichte**
>
> Die Spielfläche innerhalb der Banden misst 3569 mm x 1778 mm. Die Höhe des Tisches (vom Boden bis zur Oberkante der Bande) beträgt 851 bis 876 mm. Die durchgezogene Linie am Fuß des D (baulk line) ist 737 mm von der Fußbande entfernt. Das D hat einen Radius von 292 mm. Die Aufsetzmarke für die schwarze Kugel ist 324 mm von der Kopfbande entfernt. Der pink Spot liegt genau in der Mitte zwischen der Aufsetzmarke von (blau (Mittelpunkt des Tisches) und der Kopfbande.
> Die Bälle haben einen Durchmesser von 52,5 mm (Poolbillard: 57,2 mm) mit einer Toleranz von +/- 0,05 mm. Ein Ball wiegt 142 Gramm (Poolbillard: 170 Gramm). Das Gewicht innerhalb eines Satzes Bälle darf höchstens um drei Gramm variieren.
> Relativ wenig schreibt das Reglement in Sachen Queue vor: Es muss in Form und Aussehen üblich sein. Allerdings ist eine Mindestlänge von 914 Millimetern vorgeschrieben.

Mark Allen aus Nordirland hat ein großes Herz für seine Fans.

nicht ist unerheblich. Man kann aber auch eine andere Farbe nominieren. Dann muss man von der press liegenden Farbe wegspielen und anschließend als erste die nominierte Farbe treffen. Selbstverständlich darf man in diesem Fall auch die Farbe on lochen.

Dürfen mehrere Bälle auf einmal gelocht werden?

Da ja zunächst immer in der Reihenfolge rot – Farbe gelocht werden muss, könnte man auf den Gedanken kommen, dass es durchaus in Ordnung wäre, wenn bei einem einzigen Stoß erst eine rote fällt und anschließend auch noch eine Farbe. Dem ist aber nicht so; das ist ein Foul.

Mehrere Bälle dürfen im Prinzip nur beim Spiel auf rot fallen. Jede gelochte Rote bringt dann auch einen Punkt. Sinn macht das trotzdem nicht, weshalb es auch nicht trainiert wird: Nach den Roten darf man nämlich wie üblich nur einmal Farbe spielen; dann wäre wieder rot an der Reihe. Man bringt sich also um die Chance, durch das Lochen von Farben

Zusatzpunkte zu holen. Ähnliches gilt übrigens, wenn man beim Spiel auf rot einen Freeball hat: Die nominierte Farbe ist ja ein Rot-Ersatz und wird genauso wie jede andere Rote behandelt (nur, dass sie nach dem Lochen wieder aufgesetzt wird). Auch in diesem Fall dürfen also mehrere Rote einschließlich des Freeballs fallen.

> *Kein Prinzip ohne Ausnahme – und so gibt es auch eine Ausnahme von dem Prinzip, dass mehrere Bälle auf einmal nur beim Spiel auf rot fallen dürfen. Hat man nämlich im Endspiel auf die Farben einen Freeball, so dürfen in diesem Fall durchaus auch der eigentliche Ball on und der Freeball fallen. Allerdings gibt es dafür nicht doppelt Punkte, sondern nur die Punkte der Farbe on. Die Farbe on bleibt dann auch in der Tasche, während der Freeball wieder neu aufgesetzt wird.*

Was ist ein Freeball?

Eines der Grundprinzipien beim Snooker ist es, dass der Übeltäter nicht von einem Foul profitieren soll. Deshalb gibt es das Instrument des Freeballs, wenn ein Spieler nach einem gegnerischen Foul auf den beziehungsweise auf alle Bälle on gesnookert ist. Eine andere Kugel darf dann sozusagen als Ersatz nominiert werden.

Ist man zum Beispiel nach einem Foul auf alle Roten gesnookert, dann darf eine Farbe als Freeball nominiert werden. Die wird dann wie eine ganz normale Rote behandelt. Sie darf also als erste getroffen werden, und sie darf auch gelocht werden. Die Farbe als Freeball für rot bringt natürlich wie eine Rote einen Punkt, danach ist dann eine Farbe dran. Allerdings wird eine als Freeball gelochte Farbe natürlich wieder neu aufgesetzt.

Auch im Endspiel auf die Farben kann es durchaus einen Freeball geben. Und da läuft es dann genauso. Wird der Freeball gelocht, bekommt man die Punkte für die Kugel, die er ersetzt hat, also für die Farbe on. Und auch hier wird der Freeball wieder neu aufgesetzt. Die Farbe, die eigentlich an der Reihe war, kommt dann also im Spiel auf die Farben zweimal vor. Beispiel: Gelb ist an der Reihe, aber man hat einen Freeball und nominiert blau. Wird blau dann gelocht, bringt das zwei Punkte (für gelb), blau wird wieder aufgesetzt und weiter geht es wieder auf gelb.

> *Ein häufiges Missverständnis beim Snooker ist die Behauptung, bei einem Freeball dürfe man den Gegner nicht snookern. Das ist so nicht korrekt. Snookern darf man durchaus, nur darf der Freeball nicht der den Snooker verursachende Ball sein. Braun also zum Beispiel als Freeball für rot nominieren und dann einfach weiß leicht hinter braun rollen, damit der andere nicht an die Roten kommt, ist verboten; das wäre ein Foul. Für die, die es ganz genau nehmen: Eine Ausnahme gibt es bei der Regel, dass der Freeball den Snooker nicht verursachen darf. Wenn nur noch Pink und Schwarz auf dem Tisch liegen, dann gilt diese Regel nicht. Man kann dann also Schwarz als Freeball nominieren und hinter Schwarz auf Pink snookern.*
> *Bei der Anwendung dieser Regel muss man allerdings auch genau wissen, welcher Ball den Snooker verursacht. Es können ja durchaus mehrere Bälle den Zugang zum Ball on (oder zu den Bällen on) blockieren. Den Snooker verursacht dann die blockierende Kugel, die dem Spielball am nächsten liegt.*

Sind Kombinationen erlaubt?

Von Kombinationen spricht man, wenn ein Ball eine andere Kugel in die Tasche drückt – wobei bei einer Kombination durchaus auch mehr als zwei Bälle beteiligt sein können.

Beim Snooker sind Kombinationen in der Regel beim Spiel auf rot erlaubt, aber nicht beim Spiel auf die Farben. Ausnahme: Hat man im Endspiel auf die Farben einen Freeball, könnte man durchaus auch den Ball, der eigentlich dran wäre, mithilfe des Freeballs lochen.

Nach den Regeln ist es ja nur von Bedeutung, dass als erster ein Ball getroffen wird, der an der Reihe ist, und dass auch nur ein Ball on fällt. Was zwischendrin passiert spielt im Prinzip keine Rolle. Das heißt also, dass man beim Spiel auf rot durchaus eine Rote anspielen kann und die eine andere Rote in eine Tasche schickt. Die oben genannten Bedingungen für einen korrekten Stoß sind dabei ja erfüllt. Gleiches gilt sogar, wenn man eine Rote anspielt, die trifft auf eine Farbe und die drückt dann eine weitere Rote in eine Tasche (Kombination rot – Farbe – rot); rot als erstes getroffen, nur rot gefallen – alles korrekt also.

Aus den oben genannten Bedingungen folgt aber auch, dass beim Spiel auf die Farben eine Kombination nur in einer Freeball-Situation möglich ist – also dass der Freeball den eigentlichen Ball on locht. Auch da wurde ein Ball on als erster getroffen (der Freeball), und ein Ball on (der eigentliche) ist gefallen. Alles andere ist bei normalem Spielverlauf ein Foul.

Für die Theoriefüchse sei es zugegeben. Beim Spiel auf eine Farbe wäre auch eine andere erlaubte Kombination denkbar: Spielt man zum Beispiel gelb, gelb trifft auf eine andere Farbe und die kommt dann zum Beispiel über Bande zurück und locht gelb, dann wäre auch das korrekt. Aber dies gehört dann doch eher in den Bereich der Trickshots und ist wohl keine realistische Spielsituation.

Deshalb sollte man sich als Faustregel ganz einfach merken: Kombinationen sind beim Spiel auf rot erlaubt und mit Freeball beim Spiel auf Farben – ansonsten ist es ein Foul. Zur Überprüfung in strittigen Situationen muss man sich einfach fragen: Wurde ein Ball on als erster getroffen und ist auch nur ein Ball (oder mehrere Bälle) on gefallen? Sind beide Fragen mit ja zu beantworten, dann und nur dann war es ein korrekter Stoß.

Sind Sprungbälle (jump shots) im Snooker erlaubt?

Es ist ja verlockend: Da ist man gesnookert und weiß nicht, wie man an den Ball on drankommen soll. Da liegt die Idee nahe, den Spielball einfach über die snookernde Kugel hinweg springen zu lassen und so den korrekten Ball zu treffen. Doch während diese so genannten Jump Shots beim Pool zum normalen Arsenal gehören, sind sie beim Snooker verboten. Ein Sprungball ist beim Snooker ein Foul.

So weit, so einfach. Aber beim Snooker muss man mit genauen Definitionen arbeiten. Deshalb sind auch hier Erläuterungen wichtig: Ein verbotener Sprungball liegt nur vor, bevor ein Objektball getroffen wurde. Hat also die Weiße den Ball on schon korrekt getroffen, dann dürfte sie anschließend aus lauter Freude eine Ehrenrunde über andere Bälle machen – kein Foul. Auch ist wichtig, ab wann ein Ball als »übersprungen« gilt.

> *Wenn der Spielball nämlich springt, auf eine Objektkugel trifft, dann aber nicht auf der abgewandten Seite dieses Objektballes landet, dann ist das kein verbotener Sprungball. Das dürfte gerade für Anfänger wichtig sein, denn wenn man weiß starken Rücklauf mitgeben will, dann kann es durchaus passieren, dass die Kugel unbeabsichtigt springt.*

Was macht man, wenn ein korrekter Stoß unmöglich ist?

Um die Frage flapsig zu beantworten: Höchstwahrscheinlich ärgert man sich erst einmal. Denn wenn ein korrekter Stoß absolut un-

Was passiert, wenn Bälle den Tisch verlassen?

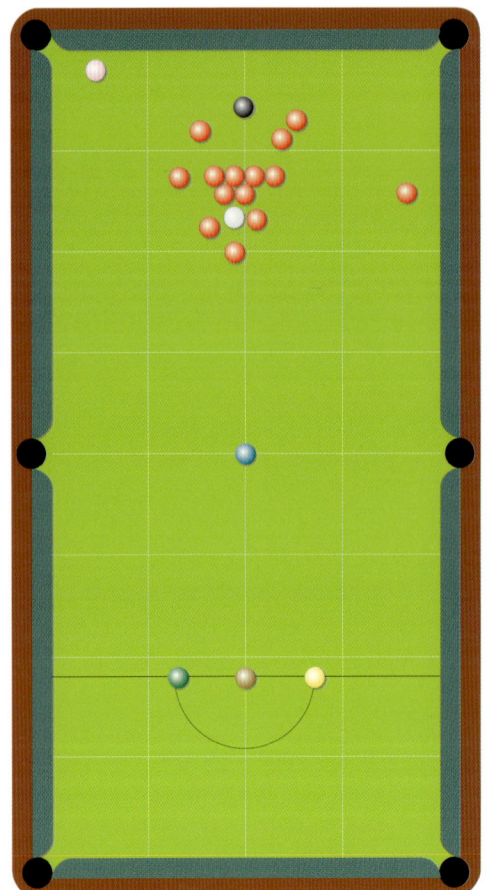

Abbildung 5.05: Impossible Shot

Ob ein Stoß korrekt war oder nicht, entscheidet sich erst am Ende. Die Regeln sagen nämlich zum Thema den Tisch verlassende Bälle, dass es entscheidend ist, wo ein Ball zur Ruhe kommt: auf der Spielfläche zwischen den Banden oder (wenn er on war) in einer Tasche ist korrekt, alles andere ist ein Foul.

Daraus folgt natürlich, dass es keine Rolle spielt, was die Kugel zwischendrin macht. Rein theoretisch darf der Objektball also durchaus ein paar Ehrenrunden um die Lampen drehen; wenn er wieder auf dem Tisch zur Ruhe kommt ist das in Ordnung. Während dieses Szenario eher unwahrscheinlich ist, kommt es durchaus schon einmal vor, dass ein Ball auf eine Bande springt und von dort in eine Tasche rollt. Wenn der Ball den Regeln entsprechend gelocht werden durfte, dann ist auch das durchaus korrekt und der Spieler bekommt für diesen Fluke (Glückstreffer) die entsprechenden Punkte.

Es versteht sich von selbst, dass es in jedem Fall ein Foul ist, wenn ein Ball vom Tisch springt und auf dem Boden landet. Die Kugel ist dann ja nun wahrlich nicht auf der Spielfläche zur Ruhe gekommen.

Selbst Topspielern ist es manchmal nicht ganz klar, wie diese Regel zu verstehen ist. So ist es einmal bei der UK Championship passiert, dass Graeme Dott den Spielball, der auf dem Weg in die grüne Tasche war, am Tascheneinlauf mit der Faust gestoppt hat. Schiedsrichter Alan Chamberlain gab natürlich sofort ein Foul. Gegner Mark Selby dachte nun, er habe Ball in Hand, und nahm den Spielball auf, um ihn im D zu platzieren. Unterbrochen wurde er durch einen weiteren Foulruf von Chamberlain. Der Spielball wäre zwar ohne das Eingreifen von Dott in der Tasche gelandet, aber er ist es eben nicht, sondern stattdessen auf der Spielfläche zur Ruhe gekommen. Selby hätte also gar nicht Ball in Hand gehabt. Beide Spieler schauten ziemlich verdutzt.

möglich ist, weil zum Beispiel die Weiße beim Spiel auf Farben von rot förmlich umzingelt ist (zugegeben keine sehr realistische Situation), dann ist ein Foul und die damit verbundenen Strafpunkte unvermeidlich. »Impossible Shot« nennt sich so etwas im Snooker-Fachchinesisch (siehe auch Abbildung 5.05). Wenn man dann allerdings den Spielball in Richtung einer Kugel on stößt (in unserem Beispiel also eine beliebige, nominierte Farbe) und das mit einer Stärke, die ohne die blockierenden Bälle ausgereicht hätte, den entsprechenden Objektball zu erreichen, dann gibt es kein Miss. Man muss also nicht befürchten, in eine ewige Foul-Spirale zu geraten. Aber wie gesagt: Das Zwangsfoul ist in dieser Situation unvermeidlich – aber eben nur ein einziges Mal.

Egal aber, ob ein Ball vom Tisch gesprungen oder regelwidrig in einer Tasche gelandet ist –, in jedem Fall wird wie folgt verfahren:
- *rote Bälle bleiben aus dem Spiel;*
- *farbige Kugeln werden auf ihren Spots wieder aufgesetzt (auch im Endspiel auf die Farben, es sei denn es war nur noch Schwarz im Spiel), ist der Spielball vom Tisch, dann hat der Gegner Ball in Hand.*

Was bedeuten »Kick« oder »bad contact«?

Schmutz, insbesondere Kreidereste auf den Bällen – gepaart mit Luftfeuchtigkeit – führt zu den gefürchteten Kicks. Im TV kann man gerade in der Zeitlupe gut erkennen, wie der Spielball geradezu an der Objektkugel hochklettert und – noch schlimmer – der Objektball seine Laufrichtung verändert. Zudem wird die Weiße nach einem Kick förmlich abgetötet, verliert also Lauf und Wirkung. Der Spielball springt dabei ja, verliert also den Kontakt mit dem Tuch. Die Rotation, die man der Weißen mitgegeben hat, verpufft also nutzlos in der Luft und entfaltet seine Wirkung nicht auf dem Tuch. Damit kann der Spielball nicht mehr dahin kommen, wo er eigentlich hingesollt hätte.

Wann, wie und wodurch ein Kick (oder »bad contact«) wirklich entsteht ist eines der großen Snooker-Geheimnisse. Da aber die Verschmutzung der Bälle eine entscheidende Rolle spielt, ist häufiges Reinigen – vor allem wenn die Kreidereste schon klar zu erkennen sind – der wirkungsvollste Schutz.

Was ist ein Re-Rack?

Als Re-Rack bezeichnet man das neue Aufsetzen eines Frames, der eigentlich schon begonnen hatte. Das passiert gar nicht so selten. Meist kommt es zu einem Re-Rack, wenn im Laufe eines Safe-Duells eine oder mehrere Rote im Baulkbereich bei den kleinen Farben gelandet sind. Dann kann man den Spielball dort nicht mehr sicher ablegen. Die Weiße wird also ständig zwischen dem Rest-Pulk der Roten und der Kopfbande hin- und hergespielt. Oder es kommt gar noch erschwerend hinzu, dass Weiß mitten in den Roten liegt und niemand riskieren kann, den Spielball dort herauszuholen. Die Weiße würde dann stundenlang nur auf kleinstem Raum bewegt, ohne dass es vorangeht.

Das bringt natürlich keinem was. Wenn man sich also derart festgespielt hat, dann kann man den Frame komplett neu beginnen. Die Bälle werden wieder neu aufgebaut (wie zu Framebeginn) und alles geht von vorne los. Vorher eventuell erspielte Punkte sind damit natürlich auch weg, es beginnt wieder bei 0:0. Bei Profi-Matches, bei denen ja auch die Zeit der Frames gemessen wird, wird auch die Uhr wieder auf Null gestellt.

In der Regel einigen sich die Spieler selber auf ein Re-Rack. Der Schiedsrichter oder die Schiedsrichterin wird sich diesem Ansinnen dann nicht verschließen, sondern die Bälle neu aufbauen. Schiedsrichter können aber auch ein Re-Rack anordnen, wenn sie der Meinung sind, dass das alles fruchtlos ist, was auf dem Tisch passiert. Der Schiedsrichter wird dann den Spielern das Re-Rack vorschlagen. Ist einer der Spieler damit nicht einverstanden (oder gar beide), dann wird der Schiedsrichter jedem Spieler noch eine gewisse Zahl an Stößen zubilligen (in der Regel zwei oder drei Stöße). Hat sich die Situation dann nicht grundlegend geändert, dann ordnet der Schiedsrichter das Re-Rack an.

Die Anzahl der möglichen Re-Racks ist nicht begrenzt. Es kann also durchaus passieren, dass ein Frame mehrfach neu aufgesetzt werden muss. Auch der Zeitpunkt für ein Re-Rack ist nicht geregelt. Einmal ist es gar zu einem kompletten Neubeginn des Frames gekommen, obwohl nur noch Pink und Schwarz auf dem Tisch waren. Die beiden Bälle hatten sich so im Einlauf einer Ecktasche verkeilt, dass nichts mehr ging. Das Re-Rack war nicht zu vermeiden.

Was ist ein Fluke?

»Fluke« ist Englisch (wie praktisch alles in der Snookersprache) und bedeutet übersetzt Zufall oder Glückstreffer. Und genau das ist es auch: Wenn ein Ball in eine Tasche fällt, obwohl man gar nicht lochen wollte, oder ein Ball in einer anderen Tasche als der anvisierten verschwindet, dann nennt man das einen Fluke. Möglich sind Flukes, weil man beim Snooker ja nicht das Lochen und die Tasche ansagen muss wie in einigen Pool-Disziplinen. Nominiert werden muss nur die Farbe, die man spielt. Ob und wo man lochen will, muss man vorher aber nicht verkünden. Ungerecht? Mag sein, aber wer hat behauptet, dass es im Sport immer gerecht zugeht .

Ein Fluke ist immer ein Zufall, aber nicht immer ein Glücksfall. Ein Beispiel: Nur noch eine Rote liegt auf dem Tisch. Maximal 35 Punkte kann man damit also holen. Aber ein Spieler hat schon 42 Punkte Rückstand. Er (oder sie) braucht also Snooker. Aber der Spieler wird in einer solchen Situation nicht nur auf Foulpunkte spekulieren, sondern auch auf einen Freeball hoffen. Mit einem Freeball für Rot kann er ja noch einmal maximal acht Punkte holen (Freeball plus Schwarz). Locht er dann aber aus Versehen die letzte Rote, hat also einen Fluke, dann bringt er sich damit ja um die Chance, acht Punkte mit einem Freeball zu holen. Seine

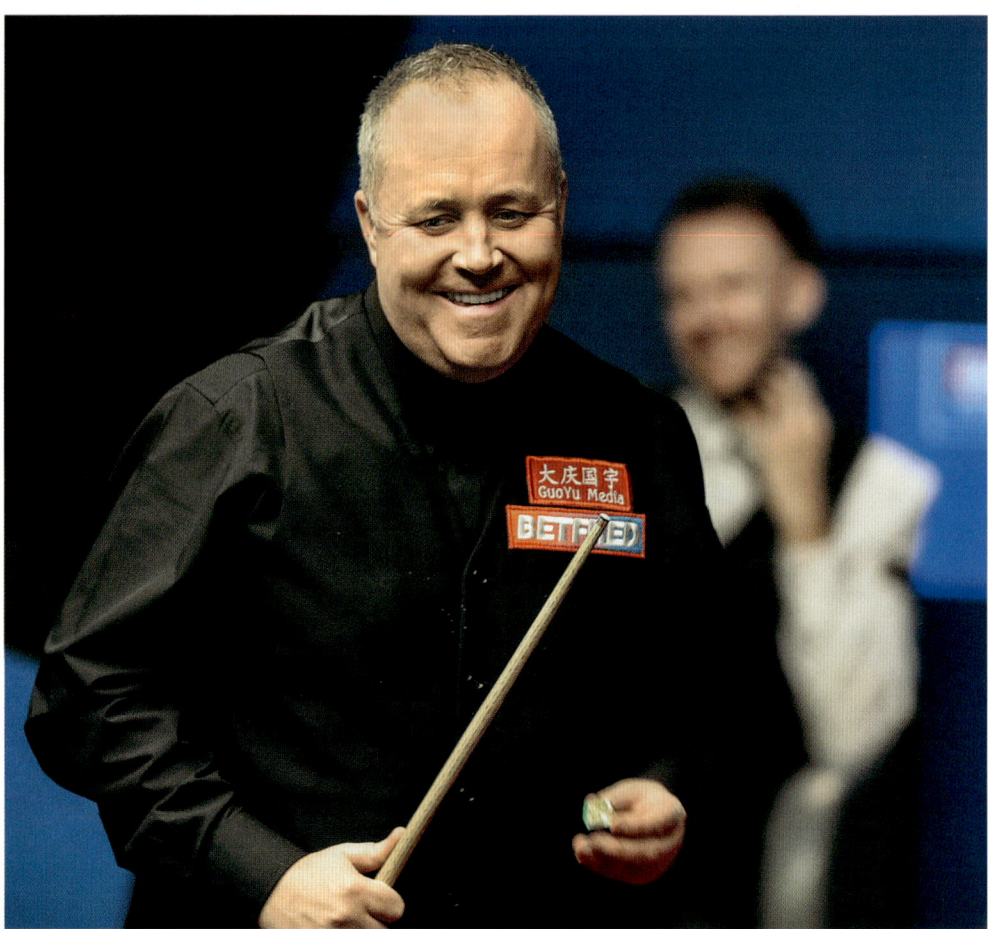

Glück gehabt: Nach einem Fluke müssen sowohl John Higgins (Vordergrund) als auch Judd Trump lächeln.

Die deutsche Schiedsrichterin Maike Kesseler beobachtet aufmerksam die Aktion von Mark Williams.

Aussichten, den Frame noch zu drehen, haben sich also erheblich verschlechtert.

Frauen und Snooker

Oft wird gefragt, warum denn keine Frauen bei den großen Turnieren mitspielen, die im Fernsehen übertragen werden. Die kurze Antwort: Weil sich keine qualifiziert hat. Es gibt zwar auch eigene Wettbewerbe für Spielerinnen bis hin zum Weltmeisterschaften, aber die Profi-Tour ist offen für Männer und Frauen, ist also »gender equal«. Allerdings gibt es auf der Profi-Tour keine für Frauen reservierten Plätze. Sie müssen ganz normal wie alle anderen auch versuchen, sich zu qualifizieren. Die Teilnahme an der Profi-Tour hängt einzig und allein von der sportlichen Qualifikation ab. Nationalität, Geschlecht und anderes spielen da keine Rolle.

Über die Gründe, warum sich bisher noch keine Frau für die Maintour qualifiziert hat, kann man natürlich trefflich spekulieren. Eine wichtige Rolle spielt dabei sicherlich, dass immer noch deutlich mehr Männer als Frauen Snooker spielen. Aber es spielt auch sicher eine Rolle, dass Frauen im Amateurbereich eben noch immer nicht so gefördert werden wie Männer. Die »Gender-Equality« im Profibereich ist eben zunächst einmal nur eine formale Gleichheit.

Wie kann man sich für die Maintour qualifizieren?

Es gibt verschiedene Wege, um ein Ticket für die Maintour der Profis zu ergattern. Der wichtigste Weg ist die Q School, bei der zwischen Ende Mai und Anfang Juni eines jeden Jahres zwölf bis 16 Plätze für die Maintour vergeben werden. Die Q School besteht aus drei einzelnen Turnieren. Die vier Halbfinalisten jedes dieser drei Turniere bekommen einen Platz auf der Profitour. Stehen noch zusätzliche Plätze zur Verfügung, dann können sich die restlichen Spieler auch noch über die Gesamt-Rangliste dieser drei Turniere qualifizieren. Bei der Q School kann jeder mitspielen; die einzige Voraussetzung ist, dass man Mitglied in seinem nationalen Verband sein muss. Auch über die sogenannte Challenge Tour, bei der die besten Spieler der letzten Q School antreten können, kann man den begehrten Profi-Status erlangen. Außerdem qualifizieren sich die Sieger gewisser Amateurturniere für die Profitour. Zu den Turnieren gehören unter anderem die Europameisterschaft der Amateure, die Asienmeisterschaft, die Weltmeisterschaft und weitere.

World Snooker veröffentlicht jedes Jahr rechtzeitig die Kriterien, wie sich die Maintour in der kommenden Saison zusammensetzt. Das sind aber ausschließlich sportliche Kriterien. Nationalität, Geschlecht und andere Dinge spielen keine Rolle. Es gibt keine Privilegien für bestimmte Gruppen. Alleine die sportliche Qualifikation entscheidet. Tour-Neulinge bekommen ihren Platz auf der Maintour für zwei Jahre garantiert. Es kann also nicht mehr passieren, dass man nach nur einem Jahr wieder von der Tour fällt.

Wie setzt sich die Weltrangliste zusammen?

Kurz gesagt setzt sich die Weltrangliste aus den Preisgeldern der letzten 24 Monate zusammen. In die Wertung kommen dabei nur die sogenannten Weltranglisten-Turniere, für die sich alle Profis qualifizieren können. Einladungsturniere wie das Masters zum Beispiel werden nicht gewertet. Und es zählt auch nur das Preisgeld, das man für die er-

reichte Runde gewonnen hat. Prämien wie der Bonus für das höchste Turnierbreak werden nicht für die Rangliste gewertet. Das Preisgeld bleibt so lange in der Wertung, bis das entsprechende Turnier zwei Jahre später gespielt wird. Mit der Beendigung der Weltmeisterschaft 2019 zum Beispiel ist das Preisgeld für die WM 2017 aus der Wertung gefallen.

Allerdings werden die Weltranglisten-Turniere natürlich nicht immer in der gleichen Reihenfolge gespielt. Auch kommen immer mal wieder neue Events hinzu, während andere Turniere, die es vor zwei Jahren noch gab, nicht mehr ausgetragen werden. Um Verwirrung zu vermeiden, veröffentlicht World Snooker deshalb zu Saisonbeginn einen Plan, wann welches Preisgeld aus der Wertung fällt und was wann hinzugerechnet wird. Nach jedem Turnier wird die Rangliste aktualisiert. Am Ende jeder Saison (also nach der Weltmeisterschaft) schlägt dann die Stunde der Wahrheit. Dann nämlich entscheidet sich, wer seinen Platz auf der Maintour behält und wer zunächst einmal den Profistatus verliert:

Die Top-64 der Weltrangliste nach der Weltmeisterschaft bleiben auf der Tour.

Diejenigen, die sich im Jahr zuvor einen Tourplatz für zwei Jahre gesichert haben, bleiben ebenfalls auf der Tour.

Unter den restlichen Spielern bekommen die acht Besten nach der Ein-Jahres-Rangliste einen neuen Tourplatz, der dann auch wieder für die nächsten beiden Jahre garantiert ist. Allerdings fangen sie in der Rangliste wieder bei Null an. Natürlich dürfen sie das in den Jahren zuvor gewonnene Preisgeld behalten, aber es wird nicht mehr für das Ranking gewertet.

Alle anderen verlieren zunächst einmal ihren Profi-Status. Sie können aber versuchen, sich über die Q School umgehend wieder einen neuen Tourplatz zu sichern.

Schon bei der Frage des Tourverbleibes spielt die Ein-Jahres-Rangliste eine Rolle. Darin wird nur das Preisgeld zusammengerechnet, das die Spieler in der laufenden Saison gewonnen haben. Diese Saisonwertung spielt auch in anderen Bereichen noch eine Rolle. Es gibt nämlich auch noch drei besondere Turniere für die bis dahin besten Spieler der Saison. Das ist sozusagen ein Extra-Bonbon für die Spieler, die in den letzten Monaten eine starke Form bewiesen haben. Bei diesen drei Turnieren gibt es nämlich viel Preisgeld zu gewinnen, das dann wiederum auch für die Rangliste gewertet wird. Diese drei Elite-Events sind der World Grand Prix für die 32 besten Spieler der Saison, die Players Championship für die 16 Besten und die Tour Championship für die acht Besten.

Media Day: Die Top-Spieler vor WM-Beginn vor dem legendären Crucible Theatre

Das offizielle Regelwerk

Das Snooker-Regelwerk ist fein ziseliert und erscheint oftmals kompliziert. Aber beim Snooker ist das Spiel nicht für die Regeln da, sondern die Regeln für das Spiel. Selbst Profi-Schiedsrichter werden immer wieder angehalten, gesunden Menschenverstand walten zu lassen. Überlegen Sie sich in Zweifelsfällen also immer, worum es beim Snooker eigentlich geht und was normalerweise die Intention der Regeln ist. Dann wird einen der gesunde Menschenverstand schon die richtige Lösung finden lassen.

Dies sind die offiziellen Regeln der Deutsche Billard-Union e.V., Altenhöfener Str. 42, 44623 Herne, Mail: info@billard-union.de, Web: www.billard-union.de, Telefon: (02323) 960 4239, Fax: (02323) 960 4240

1. Ausrüstung

1.1 Der Standardtisch
1.2 Bälle
1.3 Queue
1.4 Ausrüstung/Hilfsmittel

2. Definitionen

2.1 Frame
2.2 Game
2.3 Match
2.4 Bälle
2.5 Striker und Aufnahme
2.6 Stoß
2.7 Pot
2.8 Break
2.9 In Hand
2.10 Ball im Spiel
2.11 Ball On
2.12 Nominierter Ball
2.13 Free Ball
2.14 Ball vom Tisch
2.15 Strafpunkte
2.16 Foul
2.17 Gesnookert
2.18 Besetzter Spot
2.19 Durchstoß/Push Stroke
2.20 Jump Shot
2.21 Miss

3. Das Spiel

3.1 Beschreibung
3.2 Position der Bälle
3.3 Spielverlauf
3.4 Ende eines Frames, Games, Matches
3.5 Spielen aus Ball in Hand
3.6 Gleichzeitiges Treffen zweier Bälle
3.7 Das Aufsetzen/Spotten der Farben
3.8 Touching Ball
3.9 Ball am Rand der Tasche
3.10 Strafen
3.11 Fouls
3.12 Snooker nach einem Foul
3.13 Weiterspielen lassen
3.14 Foul and a Miss
3.15 Bälle, die nicht vom Striker bewegt wurden
3.16 Pattsituation
3.17 Doppel
3.18 Die Verwendung zusätzlicher Ausrüstung/Hilfsmittel
3.19 Anmerkungen, Auslegungen, Darstellungen

4. Die Spieler

4.1 Verhalten
4.2 Strafen
4.3 Der Non-Striker
4.4 Abwesenheit
4.5 Aufgeben

5. Die Spielleitung

5.1 Der Schiedsrichter
5.2 Der Marker
5.3 Der Protokollführer
5.4 Unterstützung durch die Spielleitung

1. Ausrüstung

1.1 Der Standardtisch

Maße:
(a) Die Spielfläche innerhalb der Stirnseiten der Banden soll 3569 mm x 1778 mm betragen, mit einer Toleranz von +/- 13 mm.

Höhe:
(b) Die Höhe vom Boden bis zur Bandenoberkante soll zwischen 851 mm und 876 mm betragen.

Taschenöffnungen:
(c) (i) Taschen befinden sich in jeder Ecke (2 an der Spot-Seite/ am Spot-end, diese werden Kopftaschen/obere Taschen genannt, 2 an der Baulk-Seite/am Baulkend, diese werden Fußtaschen/untere Taschen genannt) sowie je eine Tasche in der Mitte der Längsseiten (Mitteltaschen genannt).
(II) Die Taschenöffnungen sollen den von der WPBSA Ltd. eigenen und freigegebenen Schablonen entsprechen.

Baulk-line und Baulk:
(d) Eine gerade Linie, parallel gezogen in einem Abstand von 737 mm zur Innenkante der Fußbande/unteren Bande, heißt Baulk-line. Diese Linie und der Raum zwischen der Linie und der Fußbande/unteren Bande wird Baulk genannt.

Sein größter Moment: Judd Trump nach seinem Sieg im WM-Finale 2019

Das »D«:
(e) Das »D« ist ein Halbkreis im Baulk mit einem Radius 292 mm, dessen Mittelpunkt auf der Mitte der Baulk-line liegt.

Spots:
(f) Auf der Längsachse des Tisches sind vier Punkte markiert:
(I) Der Spot (bekannt als Schwarzer Spot), 324 mm vom Punkt senkrecht unter der Stirnseite der Kopfbande/oberen Bande.
(II) Der Center Spot (bekannt als Blauer Spot), in der Mitte zwischen den Stirnseiten der Kopfbande/oberen Bande und Fußbande/unteren Bande.
(III) Der Pyramid Spot (bekannt als Pink Spot), in der Mitte zwischen dem Center Spot und der Innenkante der Kopfbande/oberen Bande.
(IV) Die Mitte der Baulk-line (bekannt als Brauner Spot).

Zwei weitere Spots befinden sich an den Ecken des »D«, von dem Baulk-end gesehen rechts der als Gelber Spot und links der als Grüner Spot bekannte.

1.2 Bälle

(a) Die Bälle sollen aus zugelassenem Material gefertigt sein, sie sollen alle einen Durchmesser von 52,5 mm mit einer Toleranz von +/- 0,05 mm haben;
(b) sie sollen gleich schwer sein, und die Differenz zwischen dem schwersten und dem leichtesten Ball darf nicht mehr als 3g betragen; und
(c) im Einvernehmen beider Spieler oder durch Entscheidung des Schiedsrichters kann ein Ball oder das gesamte Set ausgetauscht werden.

1.3 Queue

Ein Queue soll nicht kürzer als 914 mm sein und keine wesentliche Abweichung von der allgemein anerkannten, traditionellen Form aufweisen.

1.4 Zusätzliche Ausrüstung/Hilfsmittel

Verschiedene Brücken, lange Queues (sogenannte Butts und Half-Butts), Verlängerungen und Adapter dürfen von Spielern in schwierigen Spielsituationen verwendet werden. Dazu zählen sowohl das normalerweise am Tisch befindliche Zubehör als auch Ausrüstungsgegenstände des Spielers oder des Schiedsrichters (siehe auch 3.18). Alle Hilfsmittel zur Stoßdurchführung müssen eine von der WPBSA Ltd. genehmigte Form aufweisen.

2. Definitionen

(Die verwendeten Definitionen sind nachfolgend kursiv dargestellt)

2.1 Frame

Ein Frame umfasst die Spieldauer vom Start, siehe 3.3 (c), mit allen Bällen wie in 3.2 beschrieben aufgesetzt, wobei die Spieler nacheinander spielen, bis das Frame beendet ist durch:
(a) Aufgabe eines Spielers, während er an der Reihe ist;
(b) den Striker, der das Frame für sich beansprucht; wenn Schwarz der einzige Objektball auf dem Tisch ist, die gesamten Punkte nicht relevant sind und der Unterschied der Spielstände mehr als sieben Punkte zu seinen Gunsten beträgt;
(c) den letzten Pot oder ein Foul, wenn Schwarz der einzige Objektball auf dem Tisch ist (siehe 3.4); oder durch
(d) Zuerkennung des Schiedsrichters gemäß 3.14 (d) (ii) oder 4.2.

Entspannte Atmosphäe: Neil Robertson (links) und Ronnie O'Sullivan fachsimpeln nach ihrem Match.

2.2 Game

Ein Game ist eine vereinbarte oder vorgeschriebene Anzahl von Frames.

2.3 Match

Ein Match ist eine vereinbarte oder vorgeschriebene Anzahl von Games.

2.4 Bälle

(a) Der weiße Ball ist der Spielball.
(b) Die 15 Roten und die 6 Farbigen sind die Objektbälle.

2.5 Striker und Aufnahme

Die Person, die zu spielen hat oder gerade spielt, ist der Striker und bleibt es, bis der letzte Stoß oder das Foul seiner Aufnahme beendet ist und der Schiedsrichter überzeugt ist, dass er den Tisch endgültig verlassen hat. Wenn ein Non-Striker an den Tisch kommt, ohne dass er an der Reihe ist, soll er als Striker angesehen werden für jegliches Foul, das er begeht, bevor er den Tisch wieder verlässt. Wenn der Schiedsrichter überzeugt ist, dass die oben genannten Bedingungen erfüllt sind, beginnt die Aufnahme des hereinkommenden Strikers. Seine Aufnahme und das Recht, einen weiteren Stoß zu spielen, endet, wenn:

(a) er mit dem Stoß keine Punkte erzielt; oder
(b) er ein Foul begeht; oder
(c) er den Gegner zum Weiterspielen auffordert, nachdem der Gegner ein Foul begangen hat.

2.6 Stoß

(a) Ein Stoß gilt als ausgeführt, wenn der Striker den Spielball mit dem Tip seines Queues stößt, außer während des Einschwingens auf den Spielball (bekannt als Feathering).
(b) Ein Stoß gilt als korrekt, wenn keine Regel verletzt wurde.
(c) Ein Stoß gilt als nicht beendet, bis:
(I) alle Bälle zum Stillstand gekommen sind;
(II) der Striker aufgestanden ist, um den nächsten Stoß zu spielen, oder den Tisch verlässt;
(III) alle Hilfsmittel, die vom Striker benutzt wurden, von einer gefährlichen Position entfernt sind; und
(IV) der Schiedsrichter die Punkte des Stoßes angesagt hat.
(d) Ein Stoß kann direkt oder indirekt ausgeführt werden:
(I) Ein Stoß ist direkt, wenn der Spielball einen Objektball trifft, ohne vorher an eine Bande zu stoßen.

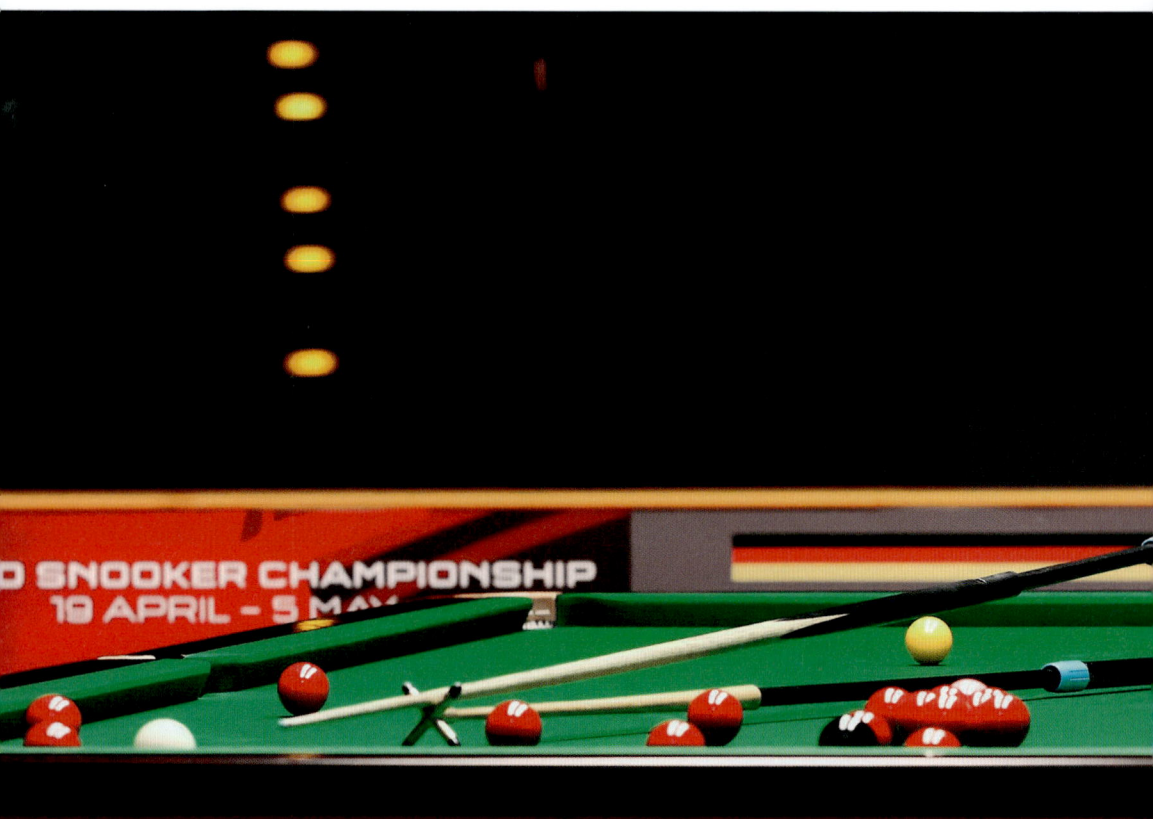

(II) Ein Stoß ist indirekt, wenn der Spielball eine oder mehrere Banden getroffen hat, bevor er einen Objektball trifft.
(e) Wenn ein hereinkommender Spieler nach dem letzten Stoß des Gegners einen Stoß ausführt, bevor die Bälle zum Stillstand gekommen sind, dann wird er bestraft, als wäre er der Striker, und sein Aufenthalt am Tisch endet.

2.7 Pot

Als Pot gilt, wenn ein Objektball nach Kontakt mit einem anderen Ball, ohne dass irgendeine Regel verletzt wurde, in eine Tasche fällt. Dieser Vorgang wird als Potten bezeichnet.

2.8 Break

Ein Break ist eine Anzahl von Pots in aufeinanderfolgenden Stößen in (aus) einer beliebigen Aufnahme während eines Frames.

2.9 In Hand

(a) Der Spielball ist in Hand
  (I) vor dem Beginn jedes Frames,
  (II) wenn er in eine Tasche gefallen ist, oder
  (III) wenn Spielball vom Tisch verursacht wurde, oder
  (IV) wenn die Schwarze im Fall eines Unentschiedens aufgesetzt/gespottet wird.
(b) Der Spielball bleibt in Hand, bis
  (I) er regelkonform aus in Hand gespielt wurde oder
  (II) ein Foul verübt wird, während sich der Spielball auf dem Tisch befindet.
(c) Der Striker wird als in Hand bezeichnet, wenn der Spielball, wie oben beschrieben, in Hand ist.

2.10 Ball im Spiel

(a) Der Spielball ist im Spiel, wenn er nicht in Hand ist.
(b) Objektbälle sind ab Beginn eines Frames im Spiel, bis sie gepottet wurden oder Ball vom Tisch verursacht wurde.
(c) Farben sind wieder im Spiel, sobald sie wieder aufgesetzt/gespottet sind.

2.11 Ball On

Irgendein Ball, der regelkonform als Erster vom Spielball getroffen werden könnte, oder jeder Ball, der zwar nicht so getroffen werden darf, aber gepottet werden dürfte, heißt Ball On.

Ding Junhui ist einer der populärsten Sportler in der Volksrepublik China.

2.12 Nominierter Ball

(a) Ein nominierter Ball ist der Objektball, den der Striker nennt oder auf den er zur Zufriedenheit des Schiedsrichters hinweist, und den er als Ersten mit dem Spielball zu treffen gedenkt.
(b) Auf Verlangen des Schiedsrichters muss der Striker bekannt geben, welchen Ball On er spielen will.

2.13 Free Ball

Ein Free Ball ist ein Ball, außer dem eigentlichen Ball On, den der Striker als Ball On nominiert, wenn er nach einem Foul gesnookert ist (siehe 3.12).

2.14 Ball vom Tisch

Es ist ein Ball vom Tisch, wenn er auf etwas anderem als auf der Spielfläche oder in einer Tasche zum Stillstand kommt oder wenn er vom Striker aufgehoben oder absichtlich von Hand bewegt wird, während er sich im Spiel befindet, mit Ausnahme der Regel 3.14 (g).

2.15 Strafpunkte

Nach jedem Foul werden dem Gegner Strafpunkte zuerkannt.

2.16 Foul

Ein Foul ist jeder Verstoß gegen diese Regeln.

17. Gesnookert

Der Spielball ist gesnookert, wenn ein direkter Stoß in gerader Linie auf jeden Ball On von mindestens einem Ball, der nicht on ist, ganz oder teilweise verhindert wird. Wenn irgendein möglicher Ball On an den beiden äußersten Punkten getroffen werden kann, so ist der Spielball nicht gesnookert.

(a) Gilt in Hand, ist der Spielball dann gesnookert, wenn er von allen möglichen Positionen im »D« und auf der »D«-Linie, wie oben beschrieben, behindert ist.
(b) Wenn der Spielball von mehreren Bällen, die nicht als Ball On gelten, daran gehindert wird, einen Ball On zu treffen, dann

(I) wird der dem Spielball am nächsten liegende der effektiv snookernde Ball, und

(II) sollte mehr als ein behindernder Ball die gleiche Entfernung zum Spielball haben, werden alle diese als effektiv snookernde Bälle bezeichnet.

(c) Gilt Rot als Ball On und wird der Spielball von verschiedenen Bällen nicht on behindert, verschiedene Rote zu treffen, gibt es keinen effektiv snookernden Ball.
(d) Der Striker gilt als gesnookert, wenn der Spielball wie beschrieben gesnookert ist.
(e) Der Spielball kann nicht durch eine Bande gesnookert sein. Wenn der gerundete Teil einer Bande den Spielball behindert und näher ist als irgendein behindernder Ball nicht on, so gilt der Spielball nicht als gesnookert.

2.18 Besetzter Spot

Ein Spot gilt als besetzt, wenn ein Ball dort nicht aufgesetzt werden kann, ohne einen anderen Ball zu berühren.

2.19 Durchstoß/Push Stroke

Als Durchstoß/Push Stroke gilt, wenn die Queuespitze mit dem Spielball in Kontakt bleibt,

(a) nachdem der Spielball seine Vorwärtsbewegung begonnen hat oder

(b) während der Spielball einen Objektball berührt, ausgenommen, wenn Spielball und Objektball einander beinahe berühren. In diesem Fall wird nicht auf Durchstoß/Push Stroke entschieden, sofern der Spielball den Objektball so dünn wie möglich trifft.

(b) der Spielball springt und trifft einen Objektball, landet jedoch nicht auf der abgewandten Seite dieses Balles;

(c) der Spielball hat den Objektball bereits regelkonform getroffen und überspringt ihn erst, nachdem er eine Bande oder einen anderen Ball getroffen hat.

2.20 Jump Shot

Als Jump Shot gilt, wenn der Spielball irgendeinen Teil eines Objektballs überspringt, egal, ob der Objektball dabei getroffen wird oder nicht, ausgenommen:
(a) der Spielball trifft zuerst einen Objektball und überspringt anschließend einen anderen Ball;

2.21 Miss

Als Miss gilt, wenn der Spielball einen Ball On nicht als ersten Ball trifft und der Schiedsrichter entscheidet, dass der Striker sich nicht ausreichend bemüht hat, einen Ball On zu treffen.

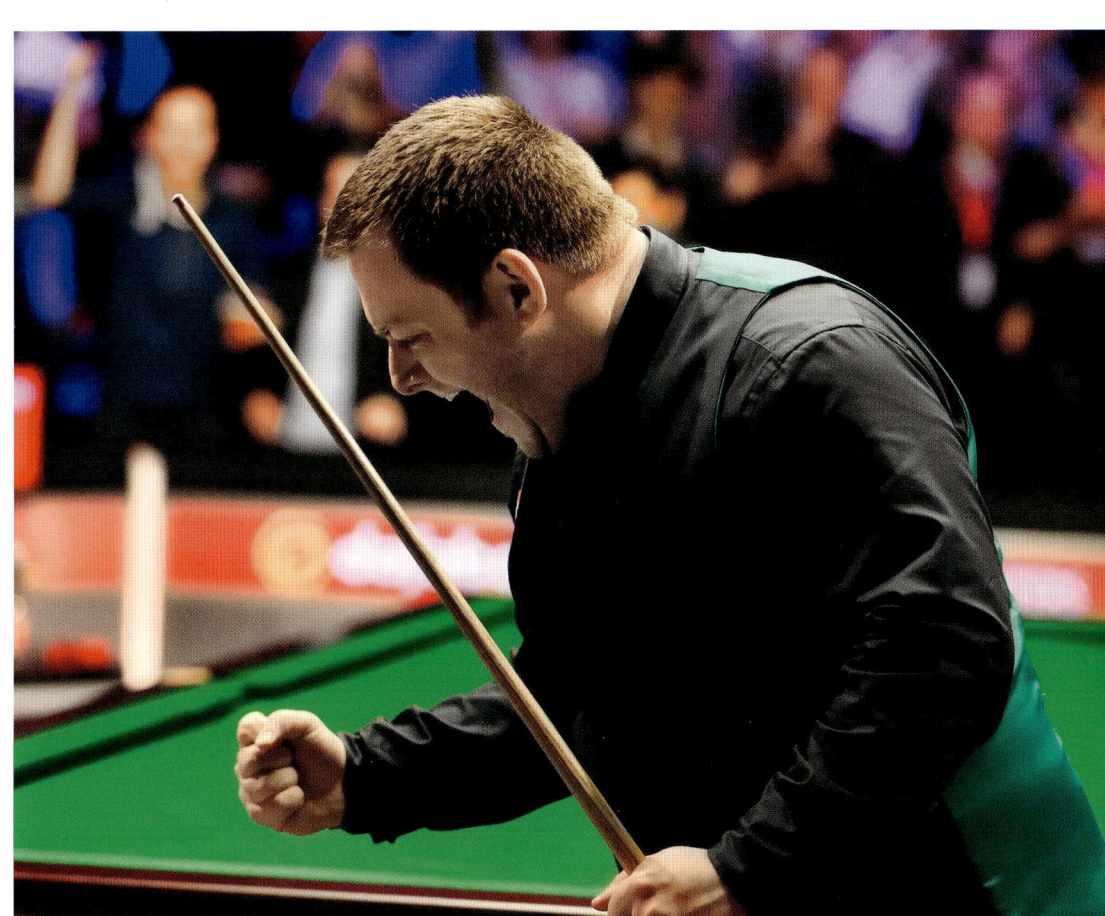

Mark Allen bejubelt einen Sieg.

Barry Hearn, Boss von World Snooker, hat das Berliner Tempodrom, Schauplatz des German Masters, als »Woodstock des Snooker« bezeichnet.

3. Das Spiel

3.1 Beschreibung

Snooker kann von zwei oder mehreren Spielern gespielt werden, die entweder als Einzelspieler oder als Mannschaften antreten. Das Spiel kann folgendermaßen zusammengefasst werden:
(a) Jeder Spieler verwendet denselben weißen Spielball; es gibt 21 Objektbälle: 15 Rote und sechs Farben: Gelb, Grün, Braun, Blau, Pink und Schwarz. Die Punktwerte der Bälle betragen: für Rot 1, Gelb 2, Grün 3, Braun 4, Blau 5, Pink 6 und Schwarz 7 Punkte.
(b) Punkte werden durch das abwechselnde Potten von Roten und Farben erzielt. Sind keine Roten mehr im Spiel, werden die Farben in aufsteigender Reihenfolge ihrer Wertigkeit gepottet.
(c) Erzielte Punkte werden dem Striker zur bisherigen Punktezahl addiert.
(d) Strafpunkte aus Fouls werden zur Punktzahl des anderen Spielers addiert.
(e) Eine jederzeit nutzbare Taktik ist es, den Spielball so zu hinterlassen, dass der nächste Spieler gesnookert ist. Wenn ein Spieler oder eine Mannschaft einen größeren Punkterückstand aufweist als durch die Bälle auf dem Tisch erzielt werden können, ist diese Taktik sehr wichtig, da durch das Legen von Snooker Punkte aus den Fouls des Gegners erzielt werden können.
(f) Der Gewinner eines Frames ist der Spieler bzw. die Mannschaft,
   (I) welche(r) die meisten Punkte erzielt hat;
   (II) an welche(n) das Frame abgegeben wird;
   (III) welchem/welcher das Frame gemäß 3.14 (d) (ii) oder 4.2 zuerkannt wird.
(g) Der Gewinner eines Games ist der Spieler bzw. die Mannschaft,
   (I) welche(r) die meisten Frames oder die erforderliche Anzahl von Frames für sich entschieden hat;
   (II) welche(r) den höchsten Gesamtpunktestand aufweist – wenn auf die Gesamtpunktezahl gespielt wird;
   (III) welchem/welcher das Game gemäß 4.2 zuerkannt wird.
(h) Der Gewinner eines Matches ist der Spieler bzw. die Mannschaft, der (die) die meisten Games gewinnt oder – wenn auf die Gesamtpunktezahl gespielt wird – den höchsten Gesamtpunktestand aufweist.

3.2 Position der Bälle

(a) Zu Beginn jedes Frames ist der Spielball in Hand und die Objektbälle sind wie folgt aufgesetzt:
   (I) die Roten in Form eines gleichseitigen Dreiecks, so dicht aneinander wie möglich, sodass die Rote an der Spitze des Dreiecks sich auf der Längsachse des Tisches befindet und oberhalb und so nahe wie möglich an Pink liegt, ohne sie zu berühren. Des Weiteren muss die Basis des Dreiecks so nahe wie möglich und parallel zur Kopfbande/oberen Bande liegen;
   (II) die 6 Farben auf den bezeichneten Spots wie in 1.1 (f) beschrieben.
(b) Wenn beim Aufbau der Bälle ein Fehler gemacht wurde, gilt 3.7 (c), das Frame startet wie in 3.3 (c).
(c) Nach Beginn eines Frames darf ein Ball, der sich im Spiel befindet, nur vom Schiedsrichter, nach begründeter Aufforderung durch den Striker, gereinigt werden.
   (I) Ferner soll die Position des Balles, sofern er nicht auf einem Spot liegt, mit einem dafür geeigneten Gerät (Ballmarker) markiert werden, bevor der Ball von der Spielfläche genommen wird.
   (II) Ferner soll das Gerät, das die Position des Balles markiert, als Ball angesehen

Die sieben WM-Titel von Stephen Hendry sind immer noch unerreicht.

Mark Williams überraschte die Snooker-Welt und sich selbst mit seinem dritten WM-Triumph im Jahr 2018.

werden und denselben Wert haben, bis dieser gereinigt und an seinen Platz zurückgelegt wurde. Wenn ein anderer Spieler außer dem Striker dieses Gerät berührt oder bewegt, soll der Schiedsrichter PENALTY ansagen, und der Verursacher soll bestraft werden, als ob er der Striker wäre, ohne dass die Spielreihenfolge dadurch beeinflusst wird. Der Schiedsrichter soll das Gerät oder den gereinigten Ball, falls erforderlich, zu seiner Zufriedenheit an seinen Platz zurücklegen, selbst wenn es/er aufgehoben wurde.

3.3 Spielverlauf

Die Spieler sollen sich über die Spielreihenfolge einigen oder diese durch das Los entscheiden. Der Gewinner hat die Wahl, welcher Spieler beginnen soll.

(a) Die Reihenfolge, die einmal entschieden wurde, muss während eines Frames beibehalten werden, außer ein Spieler wird nach einem Foul vom nächsten Spieler zum Weiterspielen aufgefordert.

(b) Die beiden Spieler bzw. Mannschaften müssen sich für jedes Frame innerhalb eines Games abwechseln.

(c) Der erste Spieler beginnt in Hand. Das Frame beginnt, wenn sich der Spielball auf der Spielfläche befindet und von der Queuespitze berührt wurde, entweder
  (I) indem ein Stoß gemacht wurde oder
  (II) während der Spielball anvisiert wird.

(d) Wenn ein Frame durch einen falschen Spieler oder eine falsche Mannschaft gestartet wird:
  (I) soll ohne Strafpunkte neu begonnen werden, wenn nur ein Stoß gespielt wurde und bis dahin kein Foul begangen wurde; oder
  (II) soll normal weitergespielt werden, wenn ein weiterer Stoß gespielt wurde, oder ein Foul begangen wurde nach Beendigung des ersten Stoßes, mit der richtigen Startreihenfolge im folgenden Frame fortsetzend, sodass ein Spieler oder eine Mannschaft in drei aufeinanderfolgenden Frames beginnt; oder
  (III) soll, falls eine Pattsituation erklärt wurde (siehe 3.16), mit dem richtigen Spieler der richtigen Mannschaft neu gestartet werden.

(e) Damit ein Stoß als korrekt gilt, darf kein Verstoß gemäß Regel 3.10 (Strafen) begangen werden.

(f) Beim ersten Stoß jeder Aufnahme ist – bis alle Roten vom Tisch sind – Rot oder ein nominierter Free Ball der Ball On, und der

Wert jeder Roten oder des Free Ball, der als Rote nominiert und in einem Stoß gepottet wurde, wird gezählt.

(g) (I) Wird eine Rote oder ein Free Ball, der statt einer Roten nominiert wurde, gepottet, macht derselbe Spieler den nächsten Stoß, und der nächste Ball On ist nun eine Farbe nach der Wahl des Strikers, welche, wenn gepottet, gezählt und dann aufgesetzt/gespottet wird.

(II) Das Break wird durch das abwechselnde Potten von Roten und Farben fortgesetzt, bis sich keine Roten mehr auf der Spielfläche befinden und eine Farbe gespielt wird, nachdem die letzte Rote gepottet wurde.

(iii) Die Farben sind nun in aufsteigender Reihenfolge ihrer Wertigkeit (siehe 3.1 (a)) anzuspielen und bleiben, nachdem sie gepottet wurden, vom Tisch (Ausnahme siehe Regel 3.4). Der Striker spielt dann auf die nächste Farbe On.

(IV) Im Fall, dass der Striker in einem Break spielt, bevor der Schiedsrichter eine Farbe komplett aufgesetzt/gespottet hat, während alle anderen Bälle zum Stillstand gekommen sind, soll der Wert der Farbe nicht gezählt und 3.10 (a) (i) oder 3.10 (b) (ii) angewendet werden.

(h) Rote werden, wenn sie versenkt oder vom Tisch sind, nicht mehr ins Spiel gebracht, ohne Rücksicht darauf, ob ein Spieler dadurch von einem Foul profitieren kann. Die Ausnahmen zu dieser Regel sind in 3.2 (c) (ii), 3.9, 3.14 (b) und (f), 3.15 (a) und 3.18 (c) beschrieben.

(i) Wenn der Striker keinen Ball pottet, muss er den Tisch ohne unangemessene Verzögerung verlassen. Im Fall, dass er irgendein Foul begeht, vor oder während des Verlassens des Tisches, wird er bestraft wie in 3.10 beschrieben. Der nächste Stoß wird von dort gespielt, wo der Spielball zur Ruhe kommt, oder aus in Hand, wenn der Spielball nicht auf dem Tisch ist, außer wenn in Übereinstimmung mit 3.14 (e) der Spielball zurückgelegt wird.

(j) Wenn irgendein Ball in eine Tasche fällt und auf die Spielfläche zurückspringt, zählt dies nicht als gepottet. Der Striker hat keine Einspruchsmöglichkeit, wenn dies passiert, weil eine Tasche überladen ist.

3.4 Ende eines Frames, Spiels oder Matches

(a) Wenn Schwarz der einzige Objektball auf dem Tisch ist, beenden die ersten Punkte oder ein Foul das Frame, außer wenn die beiden folgenden Bedingungen zutreffen:
(I) Die Punktestände beider Spieler bzw. Mannschaften sind gleich.
(II) Der Gesamtpunktestand aus den Frames ist nicht relevant.

(b) Treffen beide Bedingungen, die in (a) angeführt sind, zu, dann
(I) wird Schwarz auf dem Spot platziert,
(II) die Spieler losen und der Sieger kann wählen, ob er anstoßen möchte,
(III) der Spieler, der beginnt, hat Ball in Hand, und

Ein Mann, ein Wort: Mark Williams hielt Wort, nachdem er 2018 erneut Weltmeister geworden war, und erschien nackt zur Pressekonferenz.

(IV) die nächsten Punkte oder ein Foul beenden das Frame.
(c) Sollte der Gesamtpunktestand aus allen Frames über den Sieger eines Games oder Matches entscheiden und sollten die Gesamtpunktestände am Ende des letzten Frames gleich sein, so muss Schwarz erneut auf dem Spot platziert (siehe (b)) und nach der gleichen Vorgangsweise über den Spiel- bzw. Matchsieg entschieden werden.

3.5 Spielen mit Ball in Hand

Ist der Spielball in Hand, muss er aus einer Position innerhalb oder auf den Linien des »D« gestoßen werden. Er darf jedoch in alle Richtungen gespielt werden.
(a) Auf Anfrage des Strikers muss der Schiedsrichter dem Striker mitteilen, ob der Spielball richtig (d. h. nicht außerhalb der Linie des »D«) platziert wurde.
(b) Sollte die Queuespitze den Spielball berühren, während er im »D« positioniert wird, und ist der Schiedsrichter der Meinung, dass der Striker dabei nicht versucht hat, einen Stoß zu machen, so ist der Spielball nicht im Spiel.

3.6 Gleichzeitiges Treffen zweier Bälle

Zwei Bälle, außer zwei Rote oder ein Free Ball und ein Ball On, dürfen vom Spielball nicht gleichzeitig getroffen werden.

3.7 Das Aufsetzen/Spotten der Farben

Jede Farbe, die gepottet oder vom Tisch ist, muss vor dem nächsten Stoß erneut aufgesetzt/gespottet werden, bis sie abschließend gepottet wird, wie in 3.3 (g) (iii) beschrieben.
(a) Ein Spieler darf nicht dafür verantwortlich gemacht werden, wenn der Schiedsrichter es versäumt, einen Ball korrekt aufzusetzen/zu spotten.
(b) Wenn beim Spiel auf die Farben in aufsteigender Reihenfolge (siehe 3.3 (g) (iii)) eine Farbe irrtümlich aufgesetzt/gespottet wurde, so soll sie – nachdem der Irrtum entdeckt wurde – von der Spielfläche entfernt werden, ohne dass auf Strafe entschieden wird, und das Spiel soll aus dieser Position fortgesetzt werden.
(c) Wenn ein Striker stößt und ein oder mehrere Bälle dabei nicht korrekt aufgesetzt/gespottet sind, so werden sie für die darauffolgenden Stöße als korrekt platziert angesehen. Befindet sich eine Farbe fälschlicherweise nicht auf dem Tisch, so muss sie aufgesetzt/gespottet werden,
(I) ohne dass auf Strafe entschieden wird, wenn der betreffende Ball sich durch einen vorangegangenen Irrtum nicht auf dem Tisch befand;
(II) und auf Strafe entschieden werden, wenn der Striker gestoßen hat, bevor es dem Schiedsrichter möglich war, den Ball aufzusetzen/zu spotten.
(d) Muss eine Farbe aufgesetzt/gespottet werden, der Spot der betreffenden Farbe ist jedoch besetzt, so wird sie auf dem Spot der höchsten freien Farbe platziert.
(e) Müssen mehrere Farben aufgesetzt/gespottet werden, deren Spots besetzt sind, hat der Ball mit der höheren Wertigkeit beim Aufsetzen/Spotten den Vorrang.
(f) Sind alle Spots besetzt, so muss die Farbe so nahe wie möglich an ihrem Spot platziert werden, und zwar zwischen dem betreffenden Spot und dem nächstgelegenen Teil der Kopfbande/oberen Bande.
(g) Sind beim Aufsetzen/Spotten von Pink und Schwarz alle Spots besetzt und ist zwischen dem betreffenden Spot und dem nächstgelegenen Teil der Kopfbande/oberen Bande ebenfalls kein Platz frei, so muss der Ball so nahe wie möglich an seinem Spot platziert werden, und zwar auf der gedachten Mittellinie des Tisches, jedoch in Richtung des Baulk.

(h) Eine Farbe darf keinen anderen Ball berühren, wenn sie aufgesetzt/gespottet wird.
(i) Damit eine Farbe richtig aufgesetzt/gespottet ist, muss sie mit der Hand auf dem zutreffenden Spot platziert werden, wie in den Regeln beschrieben.

3.8 Touching Ball

(a) Wenn nach dem Beenden eines Stoßes der Spielball einen Ball On oder Bälle On oder Bälle, die On sein könnten, berührt, soll der Schiedsrichter TOUCHING BALL ansagen und anzeigen, welcher Ball oder welche Bälle vom Spielball berührt werden. Wenn der Spielball einen oder mehrere Farben berührt, nachdem eine Rote (oder ein als Rot nominierter Free Ball) gepottet wurde, soll der Schiedsrichter vom Striker verlangen, anzusagen welche Farbe On ist.
(b) Wurde auf Touching Ball entschieden, so muss der Striker den Spielball von dem betreffenden Ball wegspielen, ohne dass dieser sich bewegt. Ist das nicht der Fall, so muss auf Durchstoß/Push Stroke entschieden werden.
(c) Vorausgesetzt, dass der Striker nicht verursacht, dass sich irgendein berührender Objektball bewegt, soll es keine Strafe geben, wenn
 (I) der betreffende Ball On ist;
 (II) der betreffende Ball On sein kann und vom Striker als On erklärt wurde;
 (III) der betreffende Ball On sein kann und der Striker einen anderen Ball, der On sein kann, als On erklärt und zuerst trifft.
(d) Wenn der Spielball so zum Stillstand kommt, dass er einen Ball, der nicht Ball On ist, berührt oder beinahe berührt, so muss der Schiedsrichter die Frage des Strikers, ob die Bälle einander berühren oder nicht, mit JA oder NEIN beantworten. Der Striker muss von diesem Ball wegspielen, ohne ihn dabei zu bewegen, und muss mit diesem Stoß einen Ball On zuerst treffen.
(e) Wenn der Spielball sowohl einen Ball On als auch einen Ball nicht on berührt, so soll der Schiedsrichter nur den Ball On anzeigen. Sollte der Striker den Schiedsrichter fragen, ob der Spielball auch den Ball nicht on berührt, so hat der Schiedsrichter dies zu beantworten.
(f) Wenn sich ein berührender Ball im Moment des Stoßes bewegt, wird der Schiedsrichter nicht auf Foul entscheiden, wenn er der Meinung ist, dass dies nicht vom Striker verursacht wurde.
(g) Wenn ein still stehender Objektball, der den Spielball nicht berührt, während der Schiedsrichter dies überprüft, später den Spielball doch noch berührt, bevor gestoßen wurde, so soll der Schiedsrichter die Bälle in die vorhergehende Position zurückbringen. Dies gilt auch für einen Touching Ball. Wenn sich die Bälle später bei der Überprüfung des Schiedsrichters nicht mehr berühren, sollen die Bälle zur Zufriedenheit des Schiedsrichters zurückgelegt werden.

3.9 Ball am Rand der Tasche

Wenn ein Ball in eine Tasche fällt, ohne von einem anderen Ball getroffen zu werden und
(a) ohne am Stoß beteiligt gewesen zu sein, so soll der Ball in seine vorherige Position zurückgelegt werden, und alle erzielten Punkte zählen.
(b) Wenn er durch irgendeinen am Stoß beteiligten Ball getroffen worden wäre,
 (I) so werden, wenn der Stoß ohne Regelverletzung gespielt wurde (einschließlich der Fälle, wo ein Verstoß vorgekommen wäre, jedoch der Ball in eine Tasche gefallen ist), alle Bälle in ihre vorherige Position zurückgebracht und der Stoß wird wiederholt oder der Striker kann einen beliebigen anderen Stoß aus dieser Position spielen;

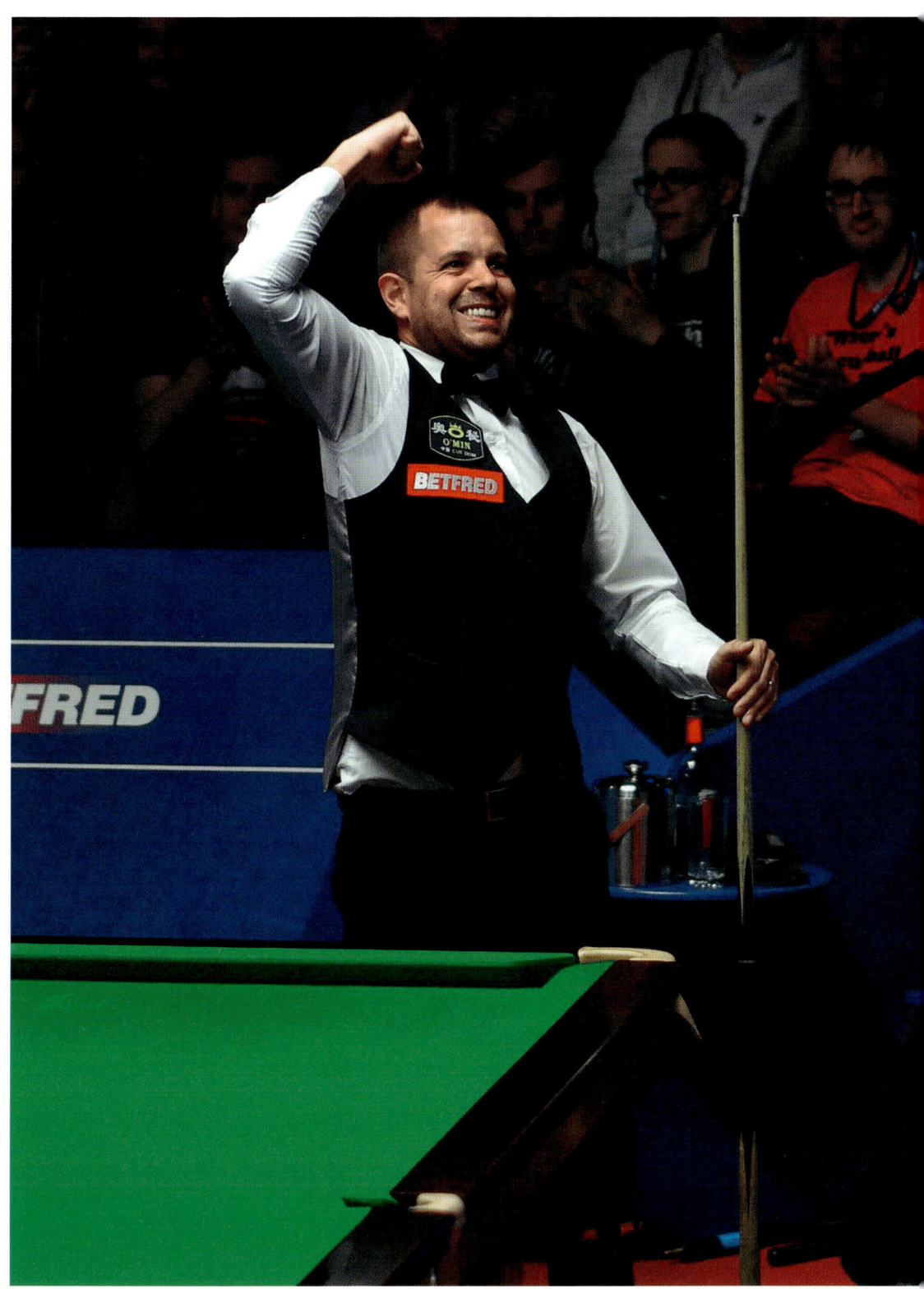

Die Spannung löst sich: Barry Hawkins hat ein Match bei der Weltmeisterschaft gewonnen.

(II) und wenn dabei ein Foul begangen wurde, bekommt der Striker die entsprechende Strafe wie in 3.10 vorgeschrieben. Alle Bälle werden in ihre vorherigen Position zurückgelegt, und der nächste Spieler hat die Möglichkeiten, die sich nach einem Foul ergeben.

(c) Wenn ein Ball kurz am Rand der Tasche schwankt/balanciert, dann aber hineinfällt, gilt er als in der Tasche und wird nicht auf den Tisch zurückgebracht.

3.10 Strafen

Die folgenden Punkte sind Fouls und werden mit vier Strafpunkten geahndet, sofern es sich nicht um ein höherwertiges Foul handelt, wie in den Regeln 3.10 (a) bis (d) unten ausgeführt. Strafen sind:

(a) in der Wertigkeit des Ball On:

(I) Der Striker stößt, bevor der Schiedsrichter die als Free Ball gespielte Farbe aufgesetzt/gespottet hat.

(II) Der Spielball wird während eines Stoßes mehr als einmal gestoßen.

(III) Der Striker berührt während des Stoßens mit keinem seiner beiden Füße den Boden.

(IV) Spielen außerhalb der Reihenfolge, oder einen Stoß spielen, bevor die Aufnahme des Gegners beendet ist, gemäß 2.6 (e).

(V) Das inkorrekte Spielen aus in Hand, auch beim Anstoß.

(VI) Der Spielball trifft keinen Objektball.

(VII) Der Spielball kommt in einer Tasche zum Stillstand.

(VIII) Den Spielball hinter einem Free Ball gesnookert zu hinterlassen, außer wie in 3.12 (b) (ii) beschrieben.

(IX) Das Spielen eines Jump Shot.

(X) Das Spielen mit einem Queue, das nicht dem zugelassenen Standard entspricht.

(XI) Besprechungen mit dem Partner anders als in 3.17 (e) festgelegt.

(b) Strafen in der Wertigkeit des Ball On oder des ausschlaggebenden Balles je nach höherer Wertigkeit:

(I) Stoßen zu einem Zeitpunkt, an dem noch nicht alle Bälle zum völligen Stillstand gekommen sind.

(II) Stoßen, bevor der Schiedsrichter das Aufsetzen/Spotten einer Farbe, die kein Free Ball ist, beendet hat.

Kein Spieler hat mehr Fans als Ronnie O'Sullivan.

(III) Ein Ball nicht on kommt in einer Tasche zum Stillstand.
(IV) Der Spielball trifft zuerst einen Ball nicht on.
(V) Das Spielen eines Durchstoßes/Push Stroke.
(VI) Das Berühren eines Balles oder eines Ballmarkers im Spiel.
(VII) Ein Ball vom Tisch wird verursacht.
(c) Strafen in der Wertigkeit des Ball On oder des höheren Wertes der beiden ausschlaggebenden Bälle, wenn der Spielball gleichzeitig zwei Bälle trifft, bei denen es sich nicht um zwei Rote (wenn Rot der Ball On ist) oder einen Free Ball und einen Ball On handelt.
(d) Strafen von sieben Punkten:
(I) Benutzen eines Balles, der vom Tisch ist, zu welchem Zweck auch immer.
(II) Irgendein Objekt wird zum Abstands- oder Entfernungsmessen genommen.

(III) Das Berühren eines Balles während der Konsultation wie in 3.14 (g) beschrieben.

(IV) Der Striker spielt zwei Rote oder einen Free Ball gefolgt von einer Roten hintereinander, ohne dass eine Farbe nominiert wurde.

(V) Ein anderer Ball als der Spielball wird, nachdem ein Frame begonnen hat, als Spielball benutzt.

(VI) Der Striker versäumt es, einen Ball On anzusagen, wenn er gesnookert ist oder vom Schiedsrichter dazu aufgefordert wurde.

(VII) Nach dem Potten einer Roten (oder eines als Rot nominierten Free Balls) wird ein Foul begangen, bevor eine Farbe nominiert wurde.

3.11 Fouls

Wird ein Foul begangen, entscheidet der Schiedsrichter sofort auf Foul.

(a) Wenn der Striker noch keinen Stoß gemacht hat, so endet sein Spiel am Tisch sofort, und der Schiedsrichter gibt die Strafpunkte bekannt.

(b) Wenn ein Stoß gemacht wurde, so wird der Schiedsrichter warten, bis der Stoß beendet ist, und danach die Strafpunkte bekannt geben.

(c) Ein Foul, das weder vom Schiedsrichter bekannt gegeben noch vom Non-Striker reklamiert wurde, bevor der nächste Stoß gemacht wird, gilt nicht.

(d) Jede Farbe, die nicht korrekt aufgesetzt/gespottet wurde, bleibt an ihrem Platz, außer sie befindet sich irrtümlich nicht auf dem Tisch; in diesem Fall muss sie korrekt aufgesetzt/gespottet werden.

(e) Alle Punkte, die in einem Break erzielt wurden, werden dem Striker gutgeschrieben; jedoch darf er keine Punkte für die Bälle erhalten, die mit dem Stoß erzielt wurden, in dem das Foul begangen wurde.

(f) Der nächste Stoß wird entweder aus der Position, in der der Spielball zum Stillstand kommt, oder, wenn der Spielball nicht auf dem Tisch ist, aus in Hand gespielt.

(g) Werden mehrere Fouls in einem Stoß begangen, so müssen dem Non-Striker die Strafpunkte des höchstwertigen Fouls gutgeschrieben werden.

(h) Der Striker, der ein Foul begangen hat,
(I) wird gemäß Regel 3.10 (Strafen) bestraft und
(II) muss auf Verlangen des nächsten Spielers den nächsten Stoß spielen.

(i) Wenn ein Striker, der gesnookert oder in irgendeiner Form behindert ist, ein Foul an irgendeinem Ball, einschließlich des Spielballs, bei der Stoßvorbereitung begeht und vom Gegner aufgefordert wird, noch einmal zu spielen, hat der Gegner die Wahl, ob der Ball On der Gleiche sein soll wie vor dem Regelverstoß, und zwar:
(I) jede Rote, wenn Rot der Ball On war;
(II) die Farbe On, wenn alle Roten nicht mehr auf dem Tisch sind; oder auch
(III) eine Farbe nach Wahl des Strikers, wenn der Ball On eine Farbe war, nachdem eine Rote gepottet wurde; oder
(IV) die Möglichkeit, auf die nächste Rote, oder, wenn keine Roten mehr übrig geblieben sind, auf die Gelbe zu spielen.

Jeder bewegte Ball soll vom Schiedsrichter auf die vorherige Position zurückgelegt werden, wenn dies vom Gegner gewünscht wird.

3.12 Snooker nach einem Foul

Wenn der Spielball nach einem Foul gesnookert ist, so soll der Schiedsrichter FREE BALL ansagen (siehe 2.17).

(a) Wenn der Spieler, der nun an der Reihe ist, sich dafür entscheidet, den nächsten Stoß zu spielen,
(I) so darf er jeden beliebigen Ball als Ball On nominieren, aber ein Free Ball kann nicht der eigentliche Ball On sein.

(II) der nominierte Ball wird als der Ball On angesehen und erhält dessen Punktwert, wird allerdings, nachdem er gepottet wurde, wieder aufgesetzt/gespottet.

(b) Ein Foul wird begangen, wenn der Spielball
(I) den nominierten Ball nicht als Ersten trifft oder den nominierten Ball gleichzeitig mit dem Ball On nicht als Ersten trifft.
(II) vom nominierten Free Ball auf alle Roten oder den Ball On gesnookert ist, außer Pink und Schwarz sind die einzigen verbliebenen Objektbälle auf dem Tisch.

(c) Wird ein Free Ball gepottet, so wird er aufgesetzt/gespottet und der Punktwert des Ball On zum Punktestand addiert.

(d) Wird der Ball On gepottet, nachdem der Spielball zuerst den nominierten Ball oder zuerst den nominierten Ball und den Ball On gleichzeitig getroffen hat, so wird der Punktwert des Ball On zum Punktestand addiert und bleibt vom Tisch.

(e) Wenn der nominierte Ball und der Ball On in einem Stoß gepottet werden, so zählen nur die Punkte des Ball On, und der Free Ball wird wieder aufgesetzt/gespottet. War der Ball On Rot, werden alle gepotteten Bälle gezählt.

(f) Wenn der Spieler, der das Foul begangen hat, zum Weiterspielen aufgefordert wird, so wird die Free-Ball-Entscheidung ungültig.

Ein nachdenklicher Shaun Murphy analysiert das Bild auf dem Tisch.

Scherzkeks: Kyren Wilson bringt Schiedsrichter Ingo Schmidt bei einer Showveranstaltung zur Verzweiflung.

3.13 Weiterspielen lassen

Wenn ein Spieler den Gegner, nachdem dieser ein Foul begangen hat, zum Weiterspielen aufgefordert hat, oder er nach einem Foul and a Miss die Bälle zurücklegen lässt, so kann er diese Aufforderung nicht mehr zurücknehmen. Der zum Weiterspielen Aufgeforderte ist nun dazu berechtigt,
(a) seine Entscheidung zu treffen,
   (I) welchen Stoß er spielen will und
   (II) welchen Ball On er anspielen will;
(b) Punkte für den Ball oder die Bälle, die er potten kann, zu erhalten.

3.14 Foul and a Miss

(a) Der Striker muss versuchen, den Ball On oder einen Ball, der On sein könnte, nachdem eine Rote gepottet wurde, unter dem besten Einsatz seiner Fähigkeiten zu treffen. Sieht der Schiedsrichter diese Regel als verletzt an, so muss er FOUL AND A MISS erklären, außer:
(I) irgendein Spieler benötigt vor oder nach dem ausgeführten Stoß Strafpunkte,
(II) vor oder nach dem Stoß sind die möglichen Punkte auf dem Tisch gleich hoch wie die Punktedifferenz, exklusive des Wertes der Respotted Black, und der Schiedsrichter ist davon überzeugt, dass das Miss nicht absichtlich begangen wurde.
(III) die Bälle sind in einer Situation, in der es unmöglich ist, den Ball On zu treffen.
In letzterem Fall wird angenommen, dass der Striker den Ball On zu treffen versucht, wenn er, nach Meinung des Schiedsrichters, direkt oder indirekt, stark genug auf den Ball On spielt, sodass

dieser, wäre er nicht von einem oder mehreren Bällen behindert, getroffen worden wäre.

(b) Nachdem ein FOUL AND A MISS ausgerufen wurde, kann der nächste Spieler entscheiden, ob er den Spieler, der das Foul begangen hat, aus der Position, in der die Bälle zum Stillstand gekommen sind, oder aus der Ausgangsposition, mit allen zurückgelegten Bällen, weiterspielen lassen will. In diesem Fall wird der Ball On des vorhergegangenen Stoßes der Ball On des folgenden Stoßes, und zwar
(I) Jede Rote, wenn Rot Ball On war;
(II) die Farbe, wenn alle Roten bereits vom Tisch sind;
(III) eine Farbe nach der Wahl des Strikers, wenn der Ball On eine Farbe war, die einer gepotteten Roten gefolgt ist.

(c) Wenn der Striker einen Ball On verfehlt und zwischen dem Spielball und dem nominierten oder einem möglichen Ball On eine gerade frei liegende Linie zu irgendeinem Punkt dieses Balls oder einer dieser Bälle besteht, so muss der Schiedsrichter immer FOUL AND A MISS erklären, außer in den beschriebenen Regeln 3.14 (a) (i) und 3.14 (a) (ii).

(d) Wenn ein Miss gemäß Regel 3.14 (c) ausgerufen wurde, d. h. zwischen dem Spielball und einem Ball der On war oder der hätte On sein können, eine gerade frei liegende Linie zu diesem Ball oder einem dieser Bälle bestand, sodass zentraler, voller Kontakt möglich war (im Fall von Roten gilt dies für einen vollen Durchmesser jeder Roten, die nicht durch eine Farbige behindert war), dann
(I) gilt ein weiterer Fehlversuch, einen Ball On aus der Ausgangsposition zu treffen, unabhängig vom Spielstand, als Foul and a Miss;
(II) muss der Schiedsrichter den Spieler, wenn dieser dazu aufgefordert wird, aus der Ausgangsposition weiterzuspielen, warnen, dass ihm bei einem dritten Fehlversuch das Frame aberkannt wird; und
(III) wenn der Spieler dazu aufgefordert wird, aus der Position, in der die Bälle zum Stillstand gekommen sind, weiterzuspielen, startet die FOUL-AND-A-MISS-Situation erneut.

(e) Nachdem der Spielball aufgrund dieser Regel zurückgelegt wurde und der Striker an irgendeinem Ball ein Foul begeht, einschließlich des Spielballs, während der Vorbereitung, um einen Stoß zu spielen, wird kein Miss erklärt, wenn ein Stoß noch nicht gespielt wurde. In diesem Fall wird die entsprechende Strafe erteilt. Der nächste Spieler kann wählen, ob er selber spielen will, oder er fordert den Spieler, der das Foul begangen hat, auf, aus der Position, in der die Bälle zum Stillstand gekommen sind, oder aus der Ausgangsposition, weiterzuspielen. Wenn zum Weiterspielen aufgefordert wird, bleibt der Ball On der Gleiche wie im Stoß zuvor, und zwar:
(I) irgendeine Rote, wenn Rot On war;
(II) die Farbe On, wenn alle Roten nicht mehr auf dem Tisch sind; oder
(III) eine Farbe nach Wahl des Strikers, wenn der Ball On eine Farbe war, nachdem eine Rote gepottet wurde; und
Wenn die obige Situation in einer Folge mehrerer Miss-Entscheidungen auftritt, wie beschrieben in der Regel 3.14 (d), bleibt eine Warnung betreffend Aberkennung des Frames in Kraft.

(f) Wird irgendein Ball nach einer Miss-Entscheidung in seine Ausgangsposition zurückgelegt, so werden beide, der Verursacher und der nächste Spieler, zur Position der Bälle befragt; danach trifft der Schiedsrichter seine endgültige Entscheidung.

(g) Berührt irgendeiner der Spieler während dieser Konsultation einen Ball, der im Spiel ist, so erhält er die dafür vorgesehene Strafe, so als ob er der Striker wäre, ohne Beeinflussung der Spielreihenfolge. Der betreffende Ball soll vom Schiedsrichter zu seiner Zufriedenheit in die Ausgangsposition zurückgebracht werden, auch wenn der betreffende Ball aufgehoben wurde, Regel 3.10 (d) (iii).

3.15 Bälle, die nicht vom Striker bewegt wurden

Wird ein still stehender oder ein sich bewegender Ball von irgendetwas anderem als dem Striker bewegt, so muss er vom Schiedsrichter in die Position zurückgebracht werden, wo der Ball seiner Meinung nach war oder zur Ruhe gekommen wäre. Es gibt keine Strafpunkte.

(a) Diese Regel schließt den Fall ein, dass irgendetwas oder eine Person, den Striker dazu bringt, einen Ball zu bewegen, aber dies gilt nicht in den Fällen, wenn sich ein Ball wegen eines Defektes in der Spielfläche bewegt, außer in dem Fall, wenn ein aufgesetzter/gespotteter Ball sich bewegt, bevor der nächste Stoß gemacht wurde.

(b) Ein Spieler darf für eine Bewegung der Bälle durch den Schiedsrichter nicht bestraft werden.

3.16 Pattsituation

Wenn der Schiedsrichter meint, dass ein Frame sich in einer Pattsituation befindet oder auf eine solche zusteuert, so soll er den Spielern anbieten, das Frame neu zu beginnen. Ist ein Spieler damit nicht einverstanden, so soll unter der Bedingung weitergespielt werden, dass sich die Situation in einer bestimmten Zeitspanne ändern muss. Normalerweise wird diese Spanne auf drei weitere Stöße jedes Spielers bzw. jeder Mannschaft festgelegt, doch liegt es am Schiedsrichter, das zu bestimmen. Ändert sich die Situation in der festgelegten Zeitspanne nicht grundlegend, so muss der Schiedsrichter die Punktestände annullieren und das Frame neu starten. Derselbe Spieler soll wieder den Eröffnungs-Stoß unter Zugrundelegung von 3.3 (d) (iii) machen, und die Spielreihenfolge wird beibehalten.

3.17 Doppel

(a) In einem Doppel beginnen die beiden Partner abwechselnd, wenn ihrer Mannschaft der Eröffnungs-Stoß zukommt. Die Spielreihenfolge muss am Beginn jedes Frames festgelegt werden und darf während eines solchen nicht geändert werden.

(b) Die Spieler können die Reihenfolge am Beginn eines neuen Frames ändern.

(c) Wurde ein Foul begangen und zum Weiterspielen aufgefordert, so spielt der Spieler, der das Foul begangen hat, den nächsten Stoß und die Reihenfolge bleibt unverändert. Wenn das Foul erkärt wurde für Spielen außerhalb der Reihe, verliert der Partner des Verursachers die Aufnahme, ungeachtet dessen, dass der Verursacher gebeten wird, weiterzuspielen.

(d) Endet ein Frame mit Punktegleichstand, kommt Regel 3.4. zur Anwendung. Wird eine Respottet Black nötig, so hat die Mannschaft, die den ersten Stoß spielt, die Wahl, welcher von beiden Spielern beginnt. Die Spielreihenfolge des Frames wird beibehalten.

(e) Die Partner dürfen sich während eines Frames besprechen, außer während einer der Striker bereits am Tisch ist, so lange, bis seine Aufnahme durch einen nicht punktebringenden Stoß oder durch ein Foul beendet ist.

3.18 Die Verwendung zusätzlicher Ausrüstung

Der Striker ist für das Herbeibringen und Entfernen von zusätzlicher Ausrüstung an den Tisch verantwortlich.

(a) Der Striker ist für alle Gegenstände verantwortlich, einschließlich zum Beispiel

Seine Fitness ist eines der Erfolgsgeheimnisse von Kyren Wilson.

Rests und Verlängerungen, die er an den Tisch bringt, egal, ob es seine eigenen sind oder sie von ihm ausgeliehen wurden (außer vom Schiedsrichter). Er wird für alle Fouls, die er bei deren Benutzung begeht, bestraft.
(b) Für Ausrüstungsgegenstände, die sich üblicherweise am Tisch befinden und von Dritten, inklusive des Schiedsrichters, bereitgestellt wurden, kann der Striker nicht verantwortlich gemacht werden. Sollte sich ein solcher Ausrüstungsgegenstand als fehlerhaft erweisen und der Striker dadurch einen Ball berühren, wird nicht auf Foul entschieden.
(c) Der Schiedsrichter wird, wenn das notwendig ist, den oder die betroffenen Bälle in ihre Ausgangsposition zurückbringen, wie in 3.15 festgelegt, und der Striker setzt sein Break fort, ohne dass eine Strafe verhängt wird.

3.19 Anmerkungen, Darstellungen, Auslegungen

(a) Die in diesen Regeln und Definitionen benutzten Wörter, die Personen männlichen Geschlechts bezeichnen, sind genauso auf Personen weiblichen Geschlechts anzuwenden.
(b) Bei Personen mit körperlichen Einschränkungen können die Umstände Regelanpassungen erfordern. Zum Beispiel:
(I) Regel 3.10 (a) (iii) darf auf Rollstuhlfahrer nicht angewandt werden.
(II) Der Schiedsrichter soll einem Spieler, der nicht in der Lage ist, bestimmte Farben zu unterscheiden (z. B. Rot und Grün), auf dessen Anfrage die Farbe eines bestimmten Balles nennen.
(c) Gibt es in einem Spiel keinen Schiedsrichter, so muss der Gegner bzw. die gegnerische Mannschaft zur Anwendung dieser Regeln als solcher angesehen werden.

4. Die Spieler

4.1 Verhalten

(a) Wenn es vorkommt, dass einer der Spieler
   (I) übermäßig viel Zeit für einen Stoß oder die Auswahl eines Stoßes benötigt,
   (II) sich nach Meinung des Schiedsrichters absichtlich oder beharrlich unfair verhält,
   (III) sich anderweitig nicht gentlemanlike benimmt,
   (IV) sich weigert, weiterzuspielen, so muss der Schiedsrichter
   (V) den Spieler verwarnen, dass im Wiederholungsfall das Frame seinem Gegner zuerkannt wird, oder
   (VI) das Frame seinem Gegner zuerkennen, oder
   (VII) im Falle von besonders schwerem Fehlverhalten das Game seinem Gegner zuerkennen.
(b) Wenn ein Schiedsrichter gemäß (v) den Spieler bereits verwarnt hat, so muss er, wenn ein Verhalten (wie oben beschrieben) erneut auftritt, entweder
   (I) das Frame seinem Gegner zuerkennen, oder
   (II) im Falle von besonders schwerem Fehlverhalten das Game seinem Gegner zuerkennen.
(c) Wenn ein Schiedsrichter entsprechend den oben genannten Punkten ein Frame dem Gegner zuerkannt hat, so muss er ihm auch das Game zuerkennen, sofern der Spieler erneut gegen einen der oben genannten Punkte verstößt.
(d) Jede Entscheidung eines Schiedsrichters über Zuerkennung eines Frames oder Games ist endgültig und darf nicht Gegenstand eines Einspruchs sein.

Ding Junhui hat dafür gesorgt, dass Snooker eine der beliebtesten Sportarten in China ist.

4.2 Strafen

(a) Wenn ein Frame auf diese Weise eingebüßt wird, so muss der Spieler
   (I) das Frame verlieren und
   (II) alle erzielten Punkte verlieren, der Gegner jedoch erhält die Anzahl Punkte, die dem Wert der noch auf dem Tisch verbliebenen Bälle entspricht, wobei jede

Rote acht Punkte zählt und alle Farbigen, die unrichtigerweise vom Tisch sind, gezählt werden, als wären sie aufgesetzt/gespottet.

(b) Wird ein Game auf diese Weise eingebüßt, so muss der Spieler

(I) das gerade gespielte Frame wie unter (a) verlieren und

(II) zusätzlich die zum Game-Gewinn des Gegners nötigen ungespielten Frames verlieren, sofern das Game auf eine Anzahl gewonnener Frames festgelegt wurde, oder

(III) die verbleibenden Frames zusätzlich mit 147 Punkten verlieren, sofern das Game auf eine Anzahl von Gesamtpunkten festgelegt wurde.

4.3 Der Non-Striker

Der Non-Striker soll es zu der Zeit, in der der Striker am Tisch spielt, vermeiden, in der Sichtlinie des Strikers zu stehen oder sich in dieser zu bewegen. Er soll in einem angemessenen Abstand vom Tisch stehen oder sitzen und es vermeiden, irgendwelche Bewegungen oder Tätigkeiten zu machen, die die Konzentration des Strikers unterbrechen könnten.

4.4 Abwesenheit

Im Falle seiner Abwesenheit darf der Non-Striker einen Stellvertreter ernennen, der seine Interessen vertritt und Fouls reklamieren darf, wenn dies notwendig sein sollte. Der Spieler muss dem Schiedsrichter die betreffende Person nennen, bevor er den Tisch verlässt.

Der Schotte John Higgins ist seit Jahrzehnten einer der besten Spieler der Welt.

4.5 Aufgeben

(a) Ein Spieler darf nur aufgeben, wenn er der Striker ist. Der andere kann die Aufgabe annehmen oder zurückweisen; diese wird gegenstandslos, wenn er sich dazu entschließt, weiterzuspielen.
(b) Wurde das Spiel auf eine Gesamtpunktezahl festgelegt und ein Frame wird aufgegeben, so wird der Wert aller auf dem Tisch verbliebenen Bälle dem gegnerischen Punktestand hinzuaddiert. In diesem Fall erhält der Gegner acht Punkte für jede Rote, wobei alle Farben, die sich unrichtigerweise nicht auf der Spielfläche befinden, gezählt werden, als wären sie aufgesetzt/ gespottet.
(c) Ein Spieler soll kein Frame irgendeines Matches aufgeben, sofern nicht Snooker benötigt werden. Jede Verletzung dieser Regel soll als nicht gentlemanlike bzw. als Fehlverhalten des betroffenen Spielers angesehen werden.

5. Die Spielleitung

5.1 Der Schiedsrichter

(a) Der Schiedsrichter
 (I) ist der alleinige Richter über faires und unfaires Spiel;
 (II) hat die Freiheit, im Interesse eines fairen Spielverlaufs Entscheidungen in Situationen, die in den Regeln nicht ausreichend geklärt sind, zu treffen;
 (III) ist für die einwandfreie Durchführung des Spiels unter diesen Regeln verantwortlich;
 (IV) schreitet bei jedem Regelverstoß ein;
 (V) nennt einem Spieler auf dessen Anfrage die Farbe eines Balles;
 (VI) reinigt, nach angemessener Aufforderung durch den Striker, einen Ball.
(b) Der Schiedsrichter darf nicht
 (I) auf Fragen antworten, die in den Regeln nicht vorgesehen sind;
 (II) darauf aufmerksam machen, dass ein Spieler gerade dabei ist, ein Foul zu begehen;
 (III) das Spiel betreffende Ratschläge oder Meinungen äußern;
 (IV) Fragen beantworten, die die Punktedifferenz der Spielstände betrifft.
(c) Hat der Schiedsrichter einen Vorfall nicht bemerkt, so kann er die Aussagen des Markers oder Angehöriger der Spielleitung oder der Zuschauer, die die beste Sicht haben, zur Unterstützung seiner Entscheidung heranziehen, oder er kann eine Kamera-/Videoaufnahme des Ereignisses ansehen, um zu entscheiden.

5.2 Der Marker

Der Marker soll den Spielstand auf der Anzeigetafel einstellen und dem Schiedsrichter bei der Ausführung seines Amtes behilflich sein. Er soll auch, wenn dies notwendig ist, das Protokoll führen.

5.3 Der Protokollführer

Der Protokollführer notiert jeden Stoß, jedes Foul und alle erzielten Punkte. Er notiert auch die Breaks.

5.4 Unterstützung durch die Spielleitung

(a) Auf Bitte des Strikers soll der Schiedsrichter oder der Marker eine Lichtquelle, die den Striker behindert, wegbewegen und weghalten.
(b) Es ist dem Schiedsrichter und dem Marker erlaubt, Spielern mit Behinderungen den Umständen entsprechend zu Hilfe zu kommen.

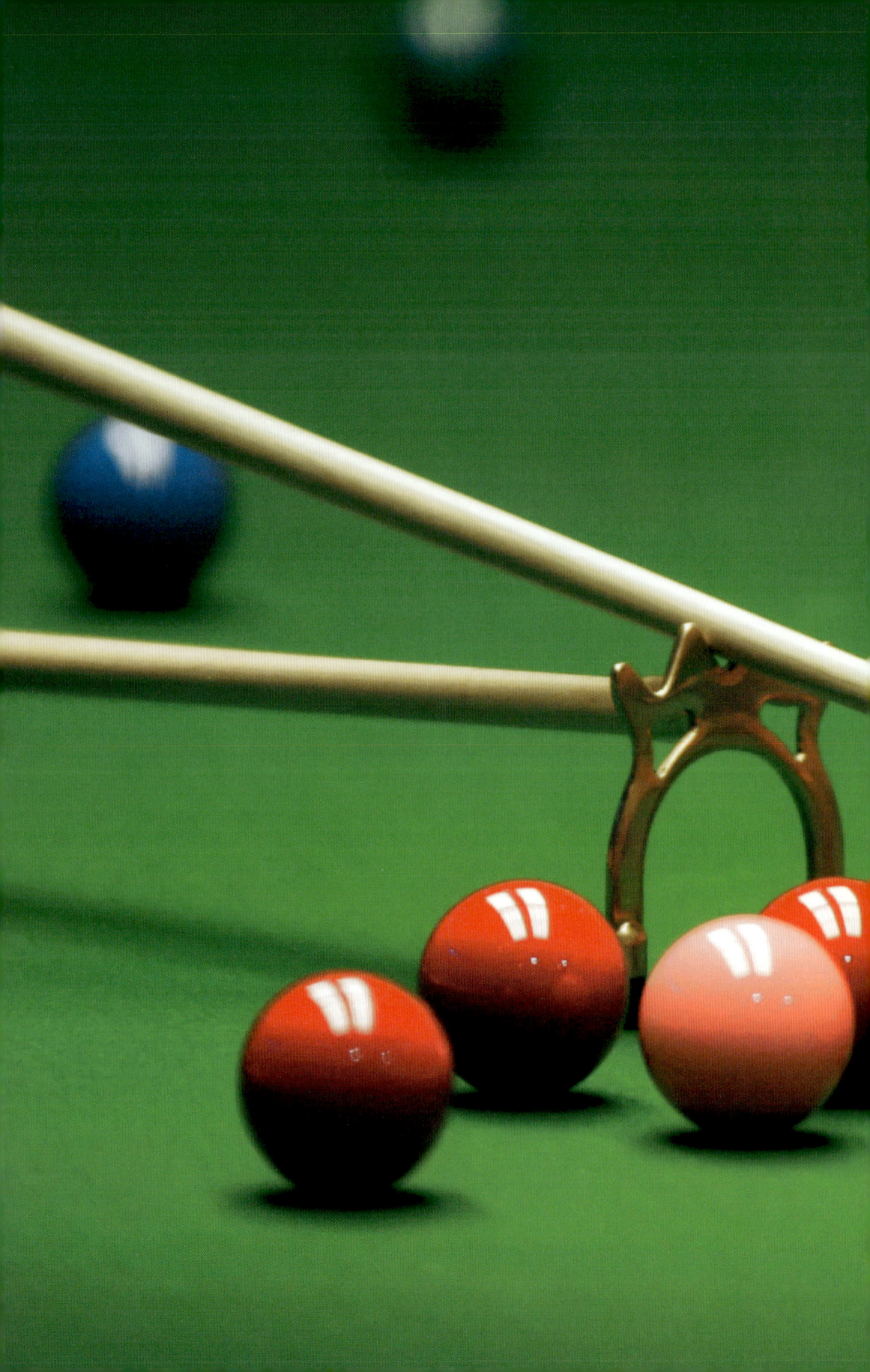

Anhang

Auswertung der Übungen

Für jede Übungsfigur haben Sie zehn Versuche. Tragen Sie pro Versuch die erreichten Punkte ein und errechnen Sie die Gesamtpunktzahl und die durchschnittlichen Punkte pro Versuch. Sie können in jeder Trainings-Session so Ihre Fortschritte kontrollieren. Vergleichen Sie die Ergebnisse mehrerer Trainings-Sessions, so können Sie auch Ihre langfristige Entwicklung kontrollieren.

Tipp: Kopieren Sie sich diese Tabelle oder basteln Sie sie am Computer nach.

Übung	Datum	1	2	3	4	5	6	7	8	9	10	Gesamt	Durchschnitt
1													
2													
3													
4													
5													
6													
7													
8													
9													
10													
											Gesamt		

Übung	Datum	1	2	3	4	5	6	7	8	9	10	Gesamt	Durchschnitt
1													
2													
3													
4													
5													
6													
7													
8													
9													
10													
											Gesamt		

Übung	Datum	1	2	3	4	5	6	7	8	9	10	Gesamt	Durchschnitt
1													
2													
3													
4													
5													
6													
7													
8													
9													
10													
											Gesamt		

Wichtige Snooker-Adressen

Snooker in Deutschland
Deutsche Billard-Union e.V.
Geschäftsstelle
Assja Grünberg
Altenhöfener Str. 42
44623 Herne
Mail: info@billard-union.de
Web: www.billard-union.de
Telefon: (02323) 960 4239
Fax: (02323) 960 4240

Snooker in Europa
European Billiards & Snooker Association
8 Coedcelyn Road, Sketty, Swansea, SA2 8DS,
Great Britain
Chairman: Maxime Cassis
Telefon: +33 611 314 641
Mail: maximecassis@gmail.com
Web: www.ebsa.tv

Snooker in der Welt
World Professional Billiards & Snooker Association
World Snooker
75 Whiteladies Road, Clifton,
Bristol BS8 2NT, Great Britain
Telefon: +44 ⓪117 317 8200
Mail: info@worldsnooker.com
Web: www.worldsnooker.com
www.wpbsa.com

World Snooker Federation
Adresse wie World Snooker
Vorsitzender: Jason Ferguson
Web: www.worldsnookerfederation.org
Mail: jason.ferguson@worldsnooker.com

International Billiards & Snooker Association
BSF Headquarters: PO BOX 8996
Rawdat Al-Khayl Street
Mansoura Doha Qatar
Web: www.ibsf.info

Filigraner Umgang mit dem Queue ist gefragt.